Prüfungstraining

Deutsch-Test für Zuwanderer

von Dieter Maenner

 Audiodateien und Lösungen online verfügbar unter
www.cornelsen.de/webcodes **Code: pujowo**

Cornelsen

Impressum

Prüfungstraining
Deutsch-Test für Zuwanderer

Im Auftrag des Verlages erarbeitet von Dieter Maenner

Redaktion: Barbara Kröber,
Gunther Weimann (Projektleitung)

Illustrationen: Andreas Terglane
Umschlaggestaltung: hawemannundmosch, Konzeption und Gestaltung, Berlin
Technische Umsetzung: Päch (MeGA 14), Berlin
Tonstudio: Studio Kirchberg

Autor und Verlag danken der telc GmbH für ihre Beratung und für die Begutachtung des Modelltests 4.

Symbole	
🔊 ₂	Audio-Dateien Track 2

www.cornelsen.de

Die Webseiten Dritter, deren Internetadressen in diesem Lehrwerk angegeben sind, wurden vor Drucklegung sorgfältig geprüft. Der Verlag übernimmt keine Gewähr für die Aktualität und den Inhalt dieser Seiten oder solcher, die mit ihnen verlinkt sind.

2. Auflage, 3. Druck 2023

Alle Drucke dieser Auflage sind inhaltlich unverändert
und können im Unterricht nebeneinander verwendet werden.

© 2010 Cornelsen Verlag, Berlin
© 2016 Cornelsen Verlag GmbH, Berlin

Das Werk und seine Teile sind urheberrechtlich geschützt.
Jede Nutzung in anderen als den gesetzlich zugelassenen Fällen bedarf der vorherigen schriftlichen Einwilligung des Verlages.
Hinweis zu §§ 60a, 60b UrhG: Weder das Werk noch seine Teile dürfen ohne eine solche Einwilligung an Schulen oder in Unterrichts- und Lehrmedien (§ 60b Abs. 3 UrhG) vervielfältigt, insbesondere kopiert oder eingescannt, verbreitet oder in ein Netzwerk eingestellt oder sonst öffentlich zugänglich gemacht oder wiedergegeben werden.
Dies gilt auch für Intranets von Schulen und anderen Bildungseinrichtungen.

Druck und Bindung: Livonia Print, Riga

ISBN 978-3-06-020374-1

PEFC zertifiziert
Dieses Produkt stammt aus nachhaltig bewirtschafteten Wäldern und kontrollierten Quellen.
www.pefc.de
PEFC/12-31-006

Vorwort

Lieber Prüfungsteilnehmer, liebe Prüfungsteilnehmerin,

mit diesem Buch können Sie sich gezielt auf die Prüfung **Deutsch-Test für Zuwanderer** vorbereiten.

Die Prüfung entspricht den Niveaustufen A2–B1 des Gemeinsamen europäischen Referenzrahmens sowie dem Rahmencurriculum für Integrationskurse und ist ein Teil des Abschlusstests des Integrationskurses des BAMF.

Wenn Sie die Prüfung erfolgreich abgeschlossen haben, haben Sie damit gezeigt, dass Sie die wichtigsten Situationen des Alltags und der persönlichen Arbeitswelt auf Deutsch bewältigen können.

Das Prüfungstraining ist für das Lernen im Kurs und zu Hause geeignet.

Im ersten Teil des Prüfungstrainings stellen wir Ihnen am Beispiel eines kompletten Tests die einzelnen Teile der Prüfung ausführlich vor. Wir zeigen Ihnen Lösungswege und geben nützliche Tipps und Hinweise für die Prüfung sowie für Ihre Vorbereitung auf die einzelnen Prüfungsteile. Am Ende jeder Einheit dieses Teils bieten wir den Lehrkräften Vorschläge für die Vorbereitung auf die Prüfung im Kurs.

Im Wortschatztraining können Sie den Wortschatz der Handlungsfelder üben, die für den **Deutsch-Test für Zuwanderer** wichtig sind. Die Auswahl des Wortschatzes orientiert sich an der Testbeschreibung „Deutsch-Test für Zuwanderer A2–B1, Prüfungsziele/Testbeschreibung" (telc GmbH/ Goethe-Institut e.V., 2009).

Im letzten Teil des Buches finden Sie drei weitere Tests, mit denen Sie die Prüfung unter Prüfungsbedingungen üben können.

Die Audiodateien zum Prüfungsteil Hören (Modelltest 1–4) und das Lösungsheft (Hörtexte und Lösungen) finden Sie im Internet unter **www.cornelsen.de/webcodes (Code: pujowo)**.

Der Verlag und der Autor wünschen Ihnen viel Spaß und Erfolg bei der Vorbereitung auf die Prüfung und natürlich bei der Prüfung selbst!

Inhalt

Deutsch-Test für Zuwanderer: Die Prüfungsteile

1 Modelltest 1 – Schritt für Schritt

Hören	Übersicht	7
	Teil 1	8
	Teil 2	11
	Teil 3	14
	Teil 4	17
	Vorbereitung im Kurs	21
Lesen	Übersicht	22
	Teil 1	23
	Teil 2	27
	Teil 3	31
	Teil 4	36
	Teil 5	39
	Vorbereitung im Kurs	41
Schreiben	Übersicht	42
	Kurzmitteilung	42
	Vorbereitung im Kurs	48
Sprechen	Übersicht	49
	Teil 1	50
	Teil 2	53
	Teil 3	57
	Vorbereitung im Kurs	61

2 Wortschatztraining

Informationen zur Person	62
Wohnen	64
Arbeit	66
Arbeitssuche	69
Mediennutzung	71
Mobilität	73
Gesundheit	75
Aus- und Weiterbildung	77
Betreuung und Ausbildung der Kinder	79
Einkaufen	81
Essen und Trinken	83
Ämter und Behörden	85
Banken, Post und Versicherungen	87
Wetter und Umwelt	89
Sprachenlernen	90

Inhalt

| 3 | **Zum Ablauf der Prüfung** | | 91 |

4	**Modelltest 2**	Hören 1–4	92
		Lesen 1–5	96
		Schreiben	105
		Sprechen 1–3	106

5	**Modelltest 3**	Hören 1–4	110
		Lesen 1–5	114
		Schreiben	123
		Sprechen 1–3	124

6	**Modelltest 4**	Hören 1–4	128
		Lesen 1–5	132
		Schreiben	141
		Sprechen 1–3	142

Anhang

	Antwortbogen	146
	Wegweiser zum Modelltest	148
	Quellen	149
	Audiodateien	150

Die Prüfungsteile

Deutsch-Test für Zuwanderer: Die Prüfungsteile

In der Prüfung werden Hören, Lesen, Schreiben und Sprechen geprüft.

Testteil	Aufgabe	Zeit
Hören		**25 Min.**
Hören 1	Ansagen und Durchsagen (im Bahnhof/Kaufhaus, am Telefon etc.) verstehen	
Hören 2	Kurze Informationen (Wetterberichte, Verkehrshinweise etc.) in den Medien verstehen	
Hören 3	Alltagsgespräche verstehen	
Hören 4	Verschiedene Meinungen zu einem Thema in Umfragen und Interviews verstehen	
Lesen		**45 Min.**
Lesen 1	Kataloge, Verzeichnisse, Übersichten verstehen	
Lesen 2	In Anzeigen Einzel- und Hauptinformationen verstehen	
Lesen 3	Zeitungsartikel und formelle Mitteilungen verstehen	
Lesen 4	Informationstexte zu Produkten, Veranstaltungen etc. verstehen	
Lesen 5	Einen Brief verstehen und Wörter ergänzen	
Schreiben		**30 Min.**
	Eine Kurzmitteilung schreiben	
Mündliche Prüfung		**ca. 16 Min.**
Sprechen 1	Über sich sprechen, sich vorstellen Auf Nachfragen reagieren	
Sprechen 2	Über Erfahrungen sprechen Auf Nachfragen reagieren	
Sprechen 3	Gemeinsam etwas planen (Gespräch mit einem anderen Prüfungsteilnehmer/einer anderen Prüfungsteilnehmerin)	

Hören

Übersicht

Hören: Übersicht

Der Prüfungsteil Hören besteht aus vier Teilen.

Teil 1

Textsorte: vier kurze Ansagen (Telefonansagen, Lautsprecherdurchsagen)

Aufgabe: Sie sollen bestimmte Informationen erkennen und verstehen. Zu jedem Hörtext gibt es eine Aufgabe mit drei Lösungen. Sie sollen entscheiden, welche Lösung (a, b oder c) die richtige ist.

Teil 2

Textsorte: fünf kurze Texte (Wetterberichte, Nachrichten, Verkehrsmeldungen, Programm- und Veranstaltungshinweise) aus dem Radio

Aufgabe: Sie sollen die Hauptaussagen der Texte erkennen und verstehen. Zu jedem Hörtext gibt es eine Aufgabe mit drei Lösungen. Sie sollen entscheiden, welche Lösung (a, b oder c) die richtige ist.

Teil 3

Textsorte: vier kurze Gespräche (beruflich oder privat)

Aufgabe: Sie sollen bei jedem Gespräch die Situation erkennen (richtig/falsch-Aufgabe) und die richtige Einzelheit aus dem Hörtext markieren (a, b oder c).

Teil 4

Textsorte: eine kurze Radiosendung (Umfrage)

Aufgabe: Sie hören verschiedene Aussagen zu einem Thema und lesen dazu Sätze. Sie sollen entscheiden, welcher Satz zu welcher Aussage passt.

Alle Hörtexte werden mit kurzen Pausen nacheinander vorgespielt. Sie haben vor dem Hören Zeit, die Aufgabe zu lesen: in den Teilen 1–3 immer zehn Sekunden, im Teil 4 eine Minute. Dann hören Sie den Text. Danach haben Sie zehn Sekunden Zeit, die richtige Lösung zu markieren.

Zeit: Der ganze Prüfungsteil Hören dauert 25 Minuten.

Bewertung: Für jede richtige Lösung gibt es einen Punkt. In diesem Prüfungsteil können Sie maximal 20 Punkte bekommen.

Wichtig: Sie dürfen während des ganzen Prüfungsteils kein Wörterbuch und kein anderes Hilfsmittel (z. B. Mobiltelefon) benutzen.

Hören Teil 1

In diesem Prüfungsteil wird geprüft, ob Sie die wichtigsten Informationen in Ansagen verstehen können.

Was sollen Sie tun?

Sie hören Telefonansagen und Durchsagen (z. B. im Kaufhaus, Zug oder auf dem Flughafen). Zu jedem Hörtext gibt es eine Aufgabe mit nur einer richtigen Lösung. Welche Lösung ist richtig: a, b oder c?

Wichtig: Sie hören jeden Text nur einmal.

Lösen Sie zur Vorbereitung auf diesen Prüfungsteil die folgenden Aufgaben.

1 a Lesen Sie die Aufgabe. Unterstreichen Sie die Wörter, die wichtig für die Lösung sein könnten.

<u>Was</u> sollen Sie <u>tun</u>?

- **a** Das Auto vorbeibringen.
- **b** Das Auto abholen.
- **c** Ersatzteile bestellen.

 1 b Hören Sie die Ansage und lösen Sie die Aufgabe. Welche Lösung (a, b oder c) passt am besten? Markieren Sie.

☐ ☐ ☐
a   b   c

Überprüfen Sie Ihre Lösung mit dem Lösungsheft.

Die nächste Aufgabe entspricht der Aufgabenstellung bei der Prüfung. Der passende Teil des Antwortbogens ist unten rechts auf der Seite abgebildet. Versuchen Sie, die Aufgabe zu lösen. Arbeiten Sie ohne Wörterbuch.

Alle Hörtexte werden mit kurzen Pausen nacheinander vorgespielt. Sie haben vor jedem Hörtext ca. zehn Sekunden Zeit, die Aufgabe zu lesen. Dann hören Sie den Text. Danach haben Sie zehn Sekunden Zeit, die richtige Lösung zu markieren.

Hören
Teil 1

 2 Sie hören vier Ansagen. Zu jeder Ansage gibt es eine Aufgabe. Welche Lösung (a, b oder c) passt am besten?
Markieren Sie Ihre Lösungen für die Aufgaben 1–4 auf dem Antwortbogen.

Beispiel:

Ihr Internet-Anschluss funktioniert nicht. Was sollen Sie tun?

a Die Taste 1 drücken.
b Die Taste 2 drücken.
c Die Taste 3 drücken.

☐ ☐ ☒
a b c

1 Sie wollen zum Flughafen. Von welchem Gleis müssen Sie fahren?

a Von Gleis 10.
b Von Gleis 12.
c Von Gleis 8.

2 Was soll Frau Arias tun?

a Herrn Bauer anrufen.
b Morgen vorbeikommen.
c Frau Maas anrufen.

3 Wann ist der nächste Deutschkurs?

a Am Mittwoch.
b Am Donnerstag.
c Am Freitag.

4 Was soll Herr Aslan machen?

a Zum Hausarzt gehen.
b Eine Überweisung vorbeibringen.
c Einen Termin ausmachen.

1 Antwortbogen Hören

Teil 1
1 ☐ ☐ ☐
   a b c
2 ☐ ☐ ☐
   a b c
3 ☐ ☐ ☐
   a b c
4 ☐ ☐ ☐
   a b c

Kontrollieren Sie Ihre Lösungen mit dem Lösungsheft. Wie war Ihr Ergebnis? Womit hatten Sie Schwierigkeiten?

Im Folgenden möchten wir die Aufgabe an einem Beispiel erklären und Schritte zur Lösung zeigen.

Hören
Teil 1

👣 Schritt 1: Die Aufgabe lesen, wichtige Wörter unterstreichen

Lesen Sie die Situation und die Aufgaben noch einmal. Unterstreichen Sie die wichtigsten Wörter.

Beispiel:

Ihr <u>Internet-Anschluss funktioniert nicht</u>. <u>Was</u> sollen Sie <u>tun</u>?
- a   Die <u>Taste 1 drücken</u>.
- b   Die Taste 2 drücken.
- c   Die Taste 3 drücken.

Das Unterstreichen hilft Ihnen zu verstehen, auf was Sie beim Hören achten müssen. Wichtige Wörter können sein: Namen, Orte, Wochentage oder Verben, die sagen, was man tut.

Dafür haben Sie zehn Sekunden Zeit.

👣 Schritt 2: Den Hörtext hören, auf die unterstrichenen Wörter achten

Hören Sie nun den Hörtext und achten Sie auf die Wörter, die Sie in der Aufgabe unterstrichen haben. Lesen Sie zum Üben den Hörtext und unterstreichen Sie die Wörter, die passen.

„Kunden-Hotline der Internet AG 1plus. Wir helfen Ihnen gerne. Für Fragen zu unseren Tarifen … drücken Sie bitte die 1, für Fragen zu Ihrer Rechnung die 2, für technische Hilfe … die 3 …"

 *Sie müssen nicht jedes Wort in diesem Hörtext verstehen, um die Aufgabe lösen zu können.*

In der Aufgabe heißt es „Internet-Anschluß funktioniert nicht". Dazu passt „technische Hilfe" im Hörtext.

👣 Schritt 3: Die Lösung finden und markieren

Entscheiden Sie sich für eine Lösung und markieren Sie sie auf dem Antwortbogen mit einem blauen oder schwarzen Kugelschreiber.

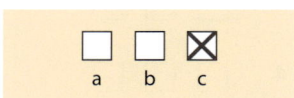

Die richtige Lösung ist c: Die Taste 3 drücken.

 *Markieren Sie auf jeden Fall eine Lösung.*

Dazu haben Sie wieder zehn Sekunden Zeit. Dann hören Sie einen Gong, und die nächste Aufgabe beginnt.

👣 Schritt 4: Bei den nächsten Texten genauso vorgehen

Konzentrieren Sie sich sofort auf die nächste Aufgabe. Sie haben wieder zehn Sekunden Zeit, die Aufgabe zu lesen und wichtige Wörter zu unterstreichen. Dann hören Sie den nächsten Hörtext.

Hören Teil 2

In diesem Prüfungsteil wird geprüft, ob Sie die Hauptaussagen kurzer Hörtexte verstehen können.

Was sollen Sie tun?

Sie hören Mitteilungen im Radio zum Wetter und zum Straßenverkehr (Verkehrshinweise) oder Programm- und Veranstaltungshinweise. Zu jedem Hörtext gibt es eine Aufgabe. Welche Lösung ist richtig: a, b oder c?

Wichtig: Sie hören jeden Text nur einmal.

Lösen Sie zur Vorbereitung auf diesen Prüfungsteil die folgenden Aufgaben.

1 In welche Rubrik gehören die Sätze? Ordnen Sie die Nummern zu.

Nachrichten: _____   Wetterbericht: _____   Verkehrsmeldung: _____   Veranstaltungen: _____   Programmhinweis: _____

(1) Achtung Autofahrer. Auf der A 3 zwischen Frankfurt–Würzburg 4 km Stau wegen Unfall. Fahren Sie langsam, äußerst rechts und überholen Sie nicht.

(2) Die Aussichten: Ab morgen in ganz Deutschland steigende Temperaturen und viel Sonne.

(3) Das Neueste vom Tage: Bundeskanzlerin Merkel auf Besuch in der Türkei …

(4) Toyota ruft nach schweren Unfällen Millionen PKW zurück. Aktuelle Informationen im Magazin „Plusminus" heute abend um 20.15 Uhr.

(5) Die Nacht der Museen, dieses Jahr am 24. April. Eintrittskarten unter 0162 209 05 03.

2 a Lesen Sie die Aufgabe und unterstreichen Sie die Wörter, die wichtig für die Lösung sein könnten.

Was hören Sie?

a Den Wetterbericht.
b Eine Verkehrsmeldung.
c Die Nachrichten.

 2 b Hören Sie die Ansage und lösen Sie die Aufgabe. Welche Lösung (a, b oder c) passt am besten?

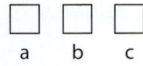

Kontrollieren Sie Ihre Lösung mit dem Lösungsheft.

Die nächste Aufgabe entspricht der Aufgabenstellung bei der Prüfung. Versuchen Sie, die Aufgabe zu lösen. Arbeiten Sie ohne Wörterbuch.

1 Hören

Teil 2

 7–8 **3** Sie hören fünf Ansagen aus dem Radio. Zu jeder Ansage gibt es eine Aufgabe. Welche Lösung (a, b oder c) passt am besten?
Markieren Sie Ihre Lösungen für die Aufgaben 5 – 9 auf dem Antwortbogen.

5 Wie ist das Wetter nächste Woche?
- a Es wird sonnig und heiß.
- b Es wird kälter.
- c Es wird starke Gewitter geben.

6 Wie kann man heute Nachmittag zum Hauptbahnhof kommen?
- a Mit der U- oder S-Bahn.
- b Mit dem Auto.
- c Mit der Straßenbahn oder dem Bus.

7 Was gibt es heute Abend im Radio?
- a Einen Krimi.
- b Eine Musiksendung.
- c Eine Sendung aus Wirtschaft und Politik.

8 Welche Probleme gibt es auf der A 8?
- a Bauarbeiten.
- b Einen Unfall.
- c Lange Staus.

9 In der Sendung „Tipps für Patienten"
- a geht es um günstige Kassenbeiträge.
- b gibt es Informationen zum Bonusheft.
- c werden neue Zahnbehandlungen vorgestellt.

Kontrollieren Sie Ihre Lösungen mit dem Lösungsheft. Wie war Ihr Ergebnis? Womit hatten Sie Schwierigkeiten?

Im Folgenden möchten wir die Aufgabe an einem Beispiel erklären und Schritte zur Lösung zeigen.

Hören

Teil 2

Schritt 1: Die Aufgabe lesen, wichtige Wörter unterstreichen

Lesen Sie die Aufgabe genau durch: Worum geht es? Unterstreichen Sie die wichtigen Wörter.

Dazu haben Sie zehn Sekunden Zeit.

Beispiel:

5   Wie ist das <u>Wetter</u> <u>nächste Woche</u>?

    a Es wird sonnig und heiß.
    b Es wird kälter.
    c Es wird starke Gewitter geben.

Schritt 2: Den Hörtext hören, auf die unterstrichenen Wörter achten

Hören Sie den Text aus dem Radio. Unterstreichen Sie im abgedruckten Hörtext die Aussagen zur nächsten Woche.

Welche Lösung ist richtig, welche Lösungen sind falsch?

Aufgabe:	Hörtext:
nächste Woche:	
a sonnig und heiß:	„Freitag: ein schöner, sonniger Tag … bis zu 30 Grad
b kälter:	nächste Woche: sinkende Temperaturen und nur wenig Sonne
c starke Gewitter:	am Wochenende: Wärmegewitter"

Für nächste Woche sagt der Hörtext sinkende Temperaturen voraus. Das bedeutet: Es wird kälter.

Die richtige Antwort ist b.

Schritt 3: Die Lösung markieren

Markieren Sie nun die richtige Lösung.

Dazu haben Sie wieder zehn Sekunden Zeit.

Dann hören Sie einen Gong und die nächste Aufgabe beginnt.

Schritt 4: Bei den nächsten Texten genauso vorgehen

Konzentrieren Sie sich jetzt sofort auf die nächste Aufgabe. Sie haben wieder zehn Sekunden Zeit, die Aufgabe zu lesen und wichtige Wörter zu markieren.

> **TIPP** *In Hören Teil 2 gibt es immer einen Wetterbericht und eine Verkehrsmeldung.*

Hören Teil 3

In diesem Prüfungsteil wird geprüft, ob Sie Hauptaussagen und Einzelheiten in Gesprächen verstehen können.

Was sollen Sie tun?

Sie hören vier kurze Gespräche aus dem persönlichen oder beruflichen Bereich, z. B. auf der Straße, bei der Arbeit, in der Schule oder auch auf einem Amt.

Sie sollen zu jedem Hörtext zwei Aufgaben lösen:

1. Sie bekommen eine Aussage zu einer Situation. Sie sollen entscheiden: Ist die Aussage richtig oder falsch?

2. Sie hören einen Hörtext und sollen die richtige Einzelheit aus dem Gespräch erkennen: Was ist richtig, a, b oder c?

Wichtig: Sie hören jeden Text nur einmal.

Lösen Sie zur Vorbereitung auf diesen Prüfungsteil die folgenden Aufgaben.

1 Hören Sie das Gespräch und lesen Sie die beiden Aussagen. Markieren Sie „richtig" oder „falsch".

1. Eine Frau möchte eine Monatskarte.   ☐ richtig   ☐ falsch
2. Ein Mann kontrolliert Fahrkarten.   ☐ richtig   ☐ falsch

2 Hören Sie das Gespräch noch einmal und lesen Sie die Aussagen. Welche Aussage ist richtig, a oder b? Markieren Sie.

1. Der Mann a arbeitet sechs Tage in der Woche.   ☐ a ☐ b
   b braucht eine Monatskarte von Montag bis Freitag.
2. Die Frau a verkauft Fahrkarten.   ☐ a ☐ b
   b weiß noch nicht, welche Karte die richtige ist.

Kontrollieren Sie Ihre Lösung mit dem Lösungsheft.

Die nächste Aufgabe entspricht der Aufgabenstellung bei der Prüfung. Versuchen Sie, die Aufgabe zu lösen. Arbeiten Sie ohne Wörterbuch.

Hören

Teil 3

3 Sie hören vier Gespräche. Zu jedem Gespräch gibt es zwei Aufgaben. Entscheiden Sie bei jedem Gespräch, ob die Aussage dazu richtig oder falsch ist und welche Antwort (a, b oder c) am besten passt.

Markieren Sie Ihre Lösungen für die Aufgaben 10–17 auf dem Antwortbogen.

Beispiel:

Frau Schneider und Herr Bauer arbeiten in derselben Firma.   ☒ richtig   ☐ falsch

Was macht Frau Schneider heute?   ☐ a   ☒ b   ☐ c

- **a** Sie arbeitet länger.
- **b** Sie geht zum Arzt.
- **c** Sie spricht mit dem Chef.

10 Sonja und ihr Mann haben eine neue Wohnung gemietet.

11 Die neue Wohnung
- **a** ist teurer als die alte, hat aber mehr Quadratmeter.
- **b** hat keine Küche.
- **c** ist auf dem Land.

12 Frau Schmidt möchte ein Konto eröffnen.

13 Was fragt sie den Bankangestellten?
- **a** Ob es in der Müllerstraße auch eine Bank gibt.
- **b** Ob Bankgeschäfte im Internet sicher sind.
- **c** Ob sie für Überweisungsformulare etwas bezahlen muss.

14 Anette und Claudia planen ein Hoffest.

15 Was sind die Pläne der Hausbewohner?
- **a** Sie wollen den Hinterhof schöner machen.
- **b** Sie wollen jeden Monat feiern.
- **c** Sie wollen auch die neuen Nachbarn einladen.

16 Frau Klein und Frau Maier sprechen über einen neuen Mitarbeiter.

17 Beide Kolleginnen
- **a** mögen Herrn Funke nicht besonders.
- **b** haben Angst vor Konflikten.
- **c** finden Arbeit im Team wichtig.

Teil 3

10 richtig ☐	falsch ☐	
11 a ☐	b ☐	c ☐
12 richtig ☐	falsch ☐	
13 a ☐	b ☐	c ☐
14 richtig ☐	falsch ☐	
15 a ☐	b ☐	c ☐
16 richtig ☐	falsch ☐	
17 a ☐	b ☐	c ☐

Kontrollieren Sie Ihre Lösungen mit dem Lösungsheft. Wie war Ihr Ergebnis? Womit hatten Sie Schwierigkeiten?

Im Folgenden möchten wir die Aufgabe an einem Beispiel erklären und Schritte zur Lösung zeigen.

Hören
Teil 3

👣 Schritt 1: Die Aufgabe lesen, wichtige Wörter unterstreichen

Lesen Sie beide Teile der Aufgabe und unterstreichen Sie die wichtigen Wörter.

Beim ersten Teil der Aufgabe fragen Sie sich: Was ist das Thema? Wie ist die Situation? Wer tut was?
Beim zweiten Teil der Aufgabe ist die Frage: Was wird genau gesagt? Sie hören den Hörtext nur einmal.

Dazu haben Sie zehn Sekunden Zeit.

Beispiel:

1   Frau Schneider und Herr Bauer arbeiten in derselben Firma. ☐ richtig ☐ falsch

2   Was macht Frau Schneider heute? ☐ a ☐ b ☐ c
    a   Sie arbeitet länger.
    b   Sie geht zum Arzt.
    c   Sie spricht mit dem Chef.

👣 Schritt 2: Das Gespräch hören, auf die unterstrichenen Wörter achten

 **Hören Sie jetzt das Gespräch. Welche der unterstrichenen Wörter hören Sie?**

Im Hörtext hört man z. B. die Namen Frau Schneider und Herr Bauer und die Wörter „Arzt", „Arbeit fertigmachen" „und " „dem Chef Bescheid sagen". Sie hören auch „länger arbeiten".

Nun müssen Sie aufpassen, ob die Aussage im Hörtext zur Aufgabe 1 passt, und welche Lösung a, b oder c richtig ist.

Vergleichen Sie:

1. Herr Bauer will Arbeit von Frau Schneider übernehmen und „auch dem Chef Bescheid" sagen. Herr Bauer und Frau Schneider arbeiten also in derselben Firma.

2. Und was macht Frau Schneider? Ihr „geht's nicht gut." Herr Bauer rät ihr, zum Arzt zu gehen, und sie folgt diesem Rat. Sie geht also zum Arzt.
   Nicht Frau Schneider, sondern Herr Bauer arbeitet deswegen länger und spricht auch mit dem Chef.

👣 Schritt 3: Die Lösungen markieren

Markieren Sie Ihre Antworten zu beiden Teilen: Ist die Aussage richtig oder falsch? Und: Welches Detail stimmt: a, b oder c?

Dazu haben Sie wieder zehn Sekunden Zeit.

👣 Schritt 4: Bei den nächsten Gesprächen genauso vorgehen

> **TIPP** *Die erste Aufgabe ist meistens einfacher zu lösen. Auch wenn Sie für die Lösung der zweiten Aufgabe keine Zeit hatten, markieren Sie auf jeden Fall etwas.*

Hören Teil 4

In diesem Prüfungsteil zeigen Sie, dass Sie unterschiedliche Meinungen zu einem Alltagsthema verstehen können.

Sie hören im Radio eine Umfrage zu einem Thema. Am Anfang hören Sie eine kurze Einleitung, danach die Aussagen von vier Personen zu dem Thema. Sie sollen entscheiden, welcher Satz (a–f) zu welcher Aussage (18, 19, 20) passt.

Was sollen Sie tun?

Sie lesen zuerst die Sätze genau. Unterstreichen Sie wichtige Wörter. Sie haben dafür eine Minute Zeit. Hören Sie dann die Einleitung und die Aussagen. Sie sollen die Sätze den richtigen Aussagen zuordnen. Eine Aussage und ein Satz sind bereits für das Beispiel verwendet worden. Sie müssen also nur noch drei Sätze den Aussagen 18, 19 und 20 zuordnen, zwei Sätze passen nicht.

Zwischen den einzelnen Gesprächsbeiträgen haben Sie immer zehn Sekunden Zeit.

Wichtig: Sie hören alle Texte nur einmal.

Lösen Sie zur Vorbereitung auf diesen Prüfungsteil die folgenden Aufgaben.

1 Lesen Sie die Sätze 1–3. Was ist in jedem Satz das Thema? Notieren Sie.

1. Man sollte das Auto öfter stehen lassen.   *weniger Autofahren*
2. Energiesparlampen sparen Strom.   ....
3. Man sollte weniger Wasser verbrauchen.   ....

2 Hören Sie zwei Texte und lesen Sie die Themen a und b. Welches Thema gehört zu welchem Hörtext? Markieren Sie.

Thema: a Neue Medien   Hörtext: 1. ☐ ☐
                                                a   b
         b Umweltschutz   2. ☐ ☐
                                                a   b

Die nächste Aufgabe entspricht der Aufgabenstellung bei der Prüfung. Versuchen Sie, die Aufgabe zu lösen. Arbeiten Sie ohne Wörterbuch.

Die Aussagen werden mit kurzen Pausen nacheinander vorgespielt. Sie haben vor dem Hören eine Minute Zeit, alle Sätze zu lesen. Dann hören Sie die Aussagen. Nach jeder Aussage haben Sie zehn Sekunden Zeit, die richtige Lösung zu markieren.

1 Hören
Teil 4

3 Sie hören Aussagen zu einem Thema. Welcher der Sätze a–f passt zu den Aussagen 18–20? Markieren Sie Ihre Lösungen für die Aufgaben 18–20 auf dem Antwortbogen.
Lesen Sie jetzt die Sätze a–f. Dazu haben Sie eine Minute Zeit.
Danach hören Sie die Aussagen.

Beispiel:

☐ ☐ ☐ ☒ ☐ ☐
a b c d e f

18 …

19 …

20 …

a   Regelmäßig Sport treiben ist wichtiger als gesunde Ernährung.

b   Gesund leben kann man nur, wenn man viel Geld hat.

c   Wenig Stress und viel Ruhe sind gut für die Gesundheit.

☒   Lebensmittel aus der Region sind frischer.

e   Spaß und Freude halten auch gesund.

f   Es ist gut, dass die Preise für viele Bio-Produkte gesunken sind.

Wenn Sie mit dem Teil Hören fertig sind, müssen Sie auf das Zeichen der Prüfenden warten.
Blättern Sie davor nicht um.

Kontrollieren Sie Ihre Lösungen mit dem Lösungsheft.
Wie war Ihr Ergebnis? Womit hatten Sie Schwierigkeiten?

Im Folgenden möchten wir die Aufgabe an einem Beispiel erklären und Schritte zur Lösung zeigen.

Hören

Teil 4

Schritt 1: Die Sätze lesen, wichtige Wörter unterstreichen

Lesen Sie zuerst die Sätze in der Aufgabe. Was ist das Thema bei jedem Satz? Unterstreichen Sie die wichtigen Wörter.

Bei dieser Aufgabe lesen Sie zuerst alle Sätze hintereinander. Dazu haben Sie eine Minute Zeit.

Ein Satz ist markiert: Er ist schon für das Beispiel verwendet worden. Fünf Sätze bleiben übrig. Sie müssen sie drei Aussagen aus dem Hörtext zuordnen.

Drei Sätze passen, die anderen zwei passen zu keiner Aussage im Hörtext.

TIPP *Streichen Sie den Beispielsatz durch. So müssen Sie nur noch fünf Sätze beachten.*

Alle Sätze enthalten Aussagen zu einem gemeinsamen Thema.

Sie müssen zuerst alle Sätze genau lesen und die Hauptaussage in jedem Satz verstehen. Um was geht es im Satz? Und was wird genau dazu gesagt?

Unterstreichen Sie die wichtigsten Wörter.

a   Regelmäßig Sport treiben ist wichtiger als gesunde Ernährung.

b   Gesund leben kann man nur, wenn man viel Geld hat.

c   Wenig Stress und viel Ruhe sind gut für die Gesundheit.

~~d~~   Lebensmittel aus der Region sind frischer.

e   Spaß und Freude halten auch gesund.

f   Es ist gut, dass die Preise für viele Bio-Produkte gesunken sind.

Manche Sätze haben ähnliche Wörter oder ein ähnliches Thema, aber ihre Bedeutung ist verschieden. Achten Sie deshalb beim Lesen und Unterstreichen darauf, dass Sie die Hauptaussage genau verstehen.

Beispiel:

In Satz b steht, dass man „viel Geld" braucht, um gesund zu leben: Es ist teuer.

Auch in Satz f geht es um Geld: „Preise". Dort heißt es, dass „die Preise für viele Bio-Produkte gesunken" sind. Das bedeutet: Bio-Produkte sind nicht mehr so teuer wie früher.

Die Sätze b und f passen also thematisch zusammen. Ihre Bedeutung ist aber sehr verschieden.

Wenn Sie die Aussage verstanden und die wichtigsten Wörter unterstrichen haben, können Sie beim Hören schnell erkennen, ob Hörtext und Satz zusammenpassen oder nicht.

Hören

Teil 4

Schritt 2: Den Hörtext hören, auf Thema und Aussagen achten

Hören Sie den ersten Teil des Hörtexts mit der Einleitung, dem Beispiel und der Aufgabe 18. Was sagt die Person in der Aufgabe 18? Vergleichen Sie die Hauptaussagen im Hörtext und in den Sätzen. Ordnen Sie zu.

Hören Sie zuerst, was der Interviewer oder die Interviewerin zum Thema sagt. Dann folgt das Beispiel. Achten Sie darauf, um welches Thema es geht. Hören Sie dann die Aussage in 18. Achten Sie darauf, was der Sprecher oder die Sprecherin genau zu dem Interviewthema sagt.

Wenn die erste Aussage zuende gesprochen ist, haben Sie zehn Sekunden Zeit.
Suchen Sie jetzt den Satz, der zu der Aussage am besten passt.

Die unterstrichenen Wörter helfen Ihnen. Achten Sie aber nicht nur auf gleiche Wörter. Meist werden für Inhalte, die zusammenpassen, unterschiedliche Wörter benutzt.

Beispiel:

In Aussage 18 geht es um Preise für Bio-Produkte. Dazu passen die Sätze b und f.

In Satz b ist die Aussage: Gesund essen ist teuer. Satz f bedeutet: Bio-Produkte sind nicht mehr teuer. Was sagt Aussage 18 dazu: Sind Bio-Produkte teuer oder nicht? Und wie wird dies in Aussage 18 formuliert?

Im Hörtext heißt es:

„Heute gibt es biologische Produkte in jedem Supermarkt. Und man kann sie auch bezahlen."

Das bedeutet: Sie sind nicht teuer. Also ist Satz f richtig.

Schritt 3: Die Lösung auf dem Antwortbogen markieren

Wenn Aussage und Satz zusammenpassen, haben Sie eine Lösung gefunden. Markieren Sie diese.

Schritt 4: Bei den Aussagen Nummer 19 und 20 genauso vorgehen

Hören Sie die Aussagen 19 und 20 und ordnen Sie die richtigen Sätze zu.

Sie haben jedes Mal zehn Sekunden Zeit.

Hören

Vorbereitung im Kurs

Vorbereitung auf den Prüfungsteil Hören im Kurs

Teil 1 und 2

Arbeiten Sie in Gruppen. Sammeln Sie zu den folgenden Situationen wichtige Wörter und Sätze wie in den Beispielen unten. Jede Gruppe bearbeitet drei Situationen. Hängen Sie die Listen im Kurs aus. Sie können sie auch für alle kopieren.

1. Ansagen im Bahnhof / im Zug
2. Ansagen in U-Bahnen, Bussen und Straßenbahnen
3. Ansagen im Supermarkt / im Kaufhaus/Warenhaus
4. Nachrichten auf dem Anrufbeantworter (Terminvorschlag, Terminabsage, Terminänderung)
5. Nachrichten/Ansagen auf dem Anrufbeantworter eines Arztes
6. Wegbeschreibung auf dem Anrufbeantworter
7. Wetterbericht im Radio
8. Verkehrsmeldungen im Radio
9. Programmhinweise im Radio
10. Veranstaltungshinweise im Radio

Ansagen im Bahnhof / im Zug	**Verkehrsmeldungen im Radio**	**Wetterbericht im Radio**
Ankunft, Abfahrt, Verspätung, ICE, Bahnsteig/Gleis … Der ICE nach Berlin hat 20 Minuten Verspätung. Abfahrt heute von Gleis 3 …	Autobahn, Unfall, Stau, Umleitung, … Vorsicht Autofahrer! Auf der A 8 hat es einen Unfall gegeben …	Wetter am Morgen/Abend/ am Wochenende Temperaturen am Tag / in der Nacht, Regen, … Und hier die Wettervorhersage für das Wochenende. … fällt örtlich Regen. Morgen ist es bewölkt …

 **TIPP** *Achten Sie auf Ansagen und Durchsagen, wenn Sie in der U-Bahn, am Bahnhof oder im Kaufhaus sind. Haben Sie ein Handy, mit dem Sie aufnehmen können? Nehmen Sie die Ansagen auf. Üben Sie gemeinsam, wichtige Wörter und Sätze zu verstehen, und notieren Sie die Sätze.*

Teil 3 und 4

Hören Sie im Radio Nachrichten auf Deutsch.

Am Anfang werden die Hauptpunkte aus den Nachrichten gesagt (Nachrichtenüberblick). Danach kommen die Punkte im Einzelnen.

Hören Sie den Nachrichtenüberblick. Notieren Sie zu einer Meldung: Was ist die Situation? Worum geht es in der Nachricht?

Überprüfen Sie sich beim weiteren Hören der Nachrichten: Haben Sie die Situation richtig erkannt?

Vergleichen Sie Ihre Notizen im Kurs.

1 Lesen

Übersicht

Lesen: Übersicht

Der Prüfungsteil Lesen besteht aus fünf Teilen.

Teil 1

Textsorte: ein Listentext (z. B. eine Kaufhaustafel) mit fünf Aufgaben

Aufgabe: Sie sollen eine Situation verstehen und die richtige Information in dem Text finden.

Teil 2

Textsorte: acht Anzeigentexte mit fünf Aufgaben/Situationen

Aufgabe: Sie sollen eine Situation verstehen und dazu in den Anzeigen bestimmte Informationen finden. Sie sollen entscheiden, welche Anzeige zu welcher Situation passt.

Teil 3

Textsorte: drei Texte (z. B. kurze Zeitungsartikel, Mitteilungen oder Notizen) mit jeweils zwei Aufgaben

Aufgabe: Sie sollen Hauptinformationen (richtig, falsch) und Einzelinformationen (a, b, c) in längeren Mitteilungen (z. B. Meldungen, Briefen, Aushängen) finden und verstehen.

Teil 4

Textsorte: ein längerer Text (z. B. eine Gebrauchsanweisung) mit drei Aufgaben

Aufgabe: Sie sollen Hauptinformationen und Anweisungen in einem längeren Text finden und verstehen. Sie sollen bei jeder Aufgabe entscheiden, ob eine Aussage richtig oder falsch ist.

Teil 5

Textsorte: ein formeller Brief mit sechs Lücken

Aufgabe: Sie sollen einzelne Wörter in einem Brief ergänzen. Zu jeder Lücke im Text gibt es drei Lösungen. Sie sollen entscheiden, welche Lösung die richtige ist.

Zeit: Sie bekommen den Prüfungsteil Lesen zusammen mit dem Prüfungsteil Schreiben. Für den Teil Lesen haben Sie 45 Minuten Zeit.

Bewertung: Für jede richtige Lösung gibt es einen Punkt. In diesem Prüfungsteil können Sie maximal 25 Punkte bekommen.

Wichtig: Wörterbücher und andere Hilfsmittel, z. B. Handys, sind nicht erlaubt. Nach dem Teil Lesen müssen Sie mit dem Umblättern auf ein Zeichen der Prüfenden warten.

Lesen Teil 1

In diesem Prüfungsteil zeigen Sie, dass Sie aus einem Listentext die passenden Informationen heraussuchen können.

Was sollen Sie tun?

Sie sollen in einem Listentext zu fünf Situationen die passende Information, Adresse oder Sache finden. Listentexte können sein: ein Auszug aus einem Katalog (auch aus dem Internet), eine Tafel im Kaufhaus/Warenhaus/Baumarkt, ein Wegweiser in einem Behördenzentrum.

Lösen Sie zur Vorbereitung die folgenden Aufgaben:

1 Sie haben eine neue Wohnung und möchten sich anmelden. Wohin gehen Sie? Lesen Sie die Übersicht und markieren Sie.

☐ zum Wohnungsamt   ☐ zur Meldestelle   ☐ zum Sozialamt

BÜRGERAMT

3. Stock	**Wohnungsamt** Zimmer 301–305	Wohngeld – Wohnungsvermittlung – Wohnberatung
2. Stock	**Meldestelle** Zimmer 201–205	An,- Ab- und Ummeldungen – Lohnsteuerkarten – Passangelegenheiten – Beglaubigungen
1. Stock	**Sozialamt** Zimmer 101–105	Kinder- und Jugendeinrichtungen – Sozialhilfe, Grundsicherung

2 Sie möchten eine Tiersendung im Fernsehen sehen. Welchen Sender müssen Sie einschalten? Lesen Sie die Übersicht und markieren Sie.

☐ ARD   ☐ ZDF   ☐ RTL   ☐ hr fernsehen

ARD		ZDF		RTL		hr fernsehen	
20.00	**Tagesschau** Nachrichten	20.15	**Ein Kuckuckskind der Liebe** TV-Liebeskomödie	20.15	**CSI. Miami** Krimiserie	20.15	**Giraffe, Erdmännchen & Co** Geschichten aus dem Frankfurter Zoo
20.15	**Das Geheimnis der Katze** TV-Krimi	21.45	**heute-journal** Nachrichten	21.00	**Unser neues Zuhause** Doku-Soap	21.00	**Hessenjournal**

Die nächste Aufgabe entspricht der Aufgabenstellung bei der Prüfung. Versuchen Sie, die Aufgabe zu lösen. Arbeiten Sie ohne Wörterbuch. Wir empfehlen für diesen Teil zehn Minuten.

Lesen

Teil 1

3 Sie sind im Medienhaus Süd. Lesen Sie die Aufgaben 21–25 und die Kaufhaustafel.
Wo (a, b oder c) finden Sie etwas Passendes?
Markieren Sie Ihre Lösungen für die Aufgaben 21–25 auf dem Antwortbogen.

Beispiel:

Sie möchten ein Fest organisieren und suchen Lampen in vielen Farben.

- a Freizeit & Service
- b Klang & Licht
- c andere Abteilung

a ☐ b ☒ c ☐

21 Sie wollen eine E-Mail schreiben, können aber Ihren eigenen Computer nicht benutzen.

- a Computer & Software
- b Haushaltsgeräte & Haustechnik
- c andere Abteilung

22 Sie haben Ihren Fernseher zur Reparatur gegeben und möchten nachfragen, ob er fertig ist.

- a Audio, TV, Foto, Handys
- b Freizeit & Service
- c andere Abteilung

23 Sie suchen ein neues Radio.

- a Klang & Licht
- b Haushaltsgeräte & Haustechnik
- c andere Abteilung

24 Sie möchten Ihrer Freundin eine Eintrittskarte für ein Konzert schenken.

- a CDs & DVDs
- b Freizeit & Service
- c andere Abteilung

25 Sie suchen für Ihren Computer ein Programm, mit dem Sie Fotos bearbeiten können.

- a Audio, TV, Foto, Handys
- b Computer & Software
- c andere Abteilung

2 Antwortbogen Lesen

Teil 1

21 ☐ ☐ ☐
   a b c
22 ☐ ☐ ☐
   a b c
23 ☐ ☐ ☐
   a b c
24 ☐ ☐ ☐
   a b c
25 ☐ ☐ ☐
   a b c

Lesen
Teil 1

MEDIENHAUS SÜD
Wo finden Sie was?

4. STOCK

Freizeit & Service
Kartenvorverkauf: Festivals, Konzerte, Tanz, Theater
Fachbücher Elektronik – Handbücher – Fotobände
Kundentoilette – Umtausch & Reparatur – Internet-Café

3. STOCK

CDs & DVDs
Neuerscheinungen – Sonderangebote – Musik & Hörspiel
Filme & Konzerte auf DVD, Video & Blu-ray

2. STOCK

Klang & Licht
Diskokugeln (auch zu vermieten) – Licht & Beleuchtung
DJ-Apparatur – Mikrofone – Zubehör
elektronische Musikinstrumente: E-Gitarren, Verstärker

1. STOCK

Computer & Software
PCs – Laptops – Drucker, Scanner & Zubehör – Fachliteratur
Informatik – Speichermedien – Software & Lernprogramme

ERDGESCHOSS

Audio, TV, Foto, Handys
Radiogeräte – Fernseher – Akkus, Batterien – DVD-Player/Recorder
CD-Player – MP3-Player – Handys und Zubehör – Digitalkameras
Fotoservice, Schnellentwicklung

TIEFGESCHOSS

Haushaltsgeräte & Haustechnik
Küchengeräte – Staubsauger – Wasch- und Spülmaschinen
Lieferservice – Elektroinstallation – Heizungstechnik

Kontrollieren Sie Ihre Lösungen mit dem Lösungsheft. Wie war Ihr Ergebnis? Womit hatten Sie Schwierigkeiten?

Im Folgenden möchten wir die Aufgabe an einem Beispiel erklären und Schritte zur Lösung zeigen.

Lesen
Teil 1

👣 Schritt 1: Die erste Situation lesen, wichtige Wörter unterstreichen

Lesen Sie den ersten Satz. Was ist die Situation und was suchen Sie? Unterstreichen Sie die wichtigen Wörter.

Beispiel:

Sie möchten ein Fest organisieren und suchen Lampen in vielen Farben.
- **a** Freizeit & Service
- **b** Klang & Licht
- **c** andere Abteilung

👣 Schritt 2: Im Listentext die Texte zu a und b suchen

Lesen Sie die Kaufhaustafel und unterstreichen Sie die Wörter, die gut zur Aufgabe passen.

	4. STOCK
Freizeit & Service	Kartenvorverkauf: Festivals, Konzerte, Tanz, Theater Fachbücher Elektronik – Handbücher – Fotobände Kundentoilette – Umtausch & Reparatur – Internet-Café
	2. STOCK
Klang & Licht	Diskokugeln (auch zu vermieten) – Licht & Beleuchtung DJ-Apparatur – Mikrofone – Zubehör elektronische Musikinstrumente: E-Gitarren, Verstärker

TIPP *Achtung: Ähnliche Wörter gehören nicht immer zur richtigen Lösung. Es kommt auf die Bedeutung an. Z. B. ist „Fest" Teil des Wortes „Festival" (Freizeit & Service). Aber dort geht es um Kartenvorverkauf, nicht um ein Fest, das Sie organisieren. Oft stehen im passenden Text andere Wörter als in der Aufgabe: „Lampen" = „Licht und Beleuchtung" (Klang & Licht).*

Sie suchen in dieser Aufgabe „Lampen" und finden „Licht & Beleuchtung" in der Abteilung „Klang & Licht". Lösung b ist also richtig.

👣 Schritt 3: Die Lösung markieren

Wenn Sie das, was Sie suchen, in einer Abteilung gefunden haben, markieren Sie.
Wenn Sie in a oder b nichts finden, markieren Sie gleich c.

Wichtig: Die Lösung unter c heißt nicht immer „andere Abteilung" (wie im Beispiel), sondern z. B. „anderes Stockwerk", „andere Seite", „anderer Raum", „andere Veranstaltung".

👣 Schritt 4: Die weiteren Aufgaben genauso bearbeiten

Lesen Teil 2

In diesem Prüfungsteil zeigen Sie, dass Sie in Anzeigen bestimmte Informationen finden können.

Was sollen Sie tun?

Sie lesen fünf Situationen. Sie sollen zu jeder Situation die passende Anzeige finden. Insgesamt gibt es acht Anzeigen. Für eine Situation gibt es keine passende Anzeige.

Lösen Sie zur Vorbereitung auf diesen Prüfungsteil die folgenden Aufgaben.

1 Welche Anzeige passt zu welcher Überschrift? Finden Sie die passenden Anzeigen a – e zu den Überschriften 1 – 5 und markieren Sie.

1 Arbeit/Arbeitssuche a b c d e
2 Aus- und Weiterbildung a b c d e
3 Gesundheit a b c d e
4 Wohnen a b c d e
5 Essen und Trinken a b c d e

a Zum Schwan — Ihr Speiselokal mitten in der Natur bietet Ihnen eine große Auswahl an Spezialitäten.

b Servicepersonal gesucht — freundliche Bedienung (m/w) gesucht für unser Restaurant Am Zoo. Arbeitszeiten nach Vereinbarung.

c Nachmieter gesucht — 2-Zi-Whg, 50 m², ruhige Wohnlage, von privat sofort zu vermieten.

d Was tun bei Erkältungen? — Info-Veranstaltung der Krankenkassen im Bürgerhaus Westend.

e Möchten Sie **Industriekaufmann/-frau** werden? Haben Sie einen guten Schulabschluss und Interesse an kaufmännischen Tätigkeiten? Wir bieten Ihnen eine umfassende und praxisbezogene Ausbildung.

2 Lesen Sie die Situation und die Anzeigen. Wo finden Sie das passende Angebot? Markieren Sie.

Sie möchten gern Sport machen und suchen ein Fahrrad. Es muss nicht neu sein. a b c

a Suche dringend gebrauchtes **Sportrad**. Am liebsten mit Shimano-Schaltung. **Angebote an** 0162/208 14 30 G. Krüger

b **Bike & Co**
- Fahrradreparatur – professionell und preisgünstig
- Großes Angebot an günstigen Fahrrädern
- Großes Sortiment an Zubehör

c **Fahrrad-Mechanik BAUER** Wir reparieren preisgünstig und schnell. Sie können bei uns auch Fahrräder leihen.

Die nächste Aufgabe entspricht der Aufgabenstellung bei der Prüfung. Versuchen Sie, die Aufgabe zu lösen. Arbeiten Sie ohne Wörterbuch. Wir empfehlen für diesen Teil zehn bis zwölf Minuten.

Lesen
Teil 2

3 Lesen Sie die Situationen 26 – 30 und die Anzeigen a – h. Finden Sie für jede Situation die passende Anzeige.

Markieren Sie Ihre Lösungen für die Aufgaben 26 – 30 auf dem Antwortbogen. Für eine Aufgabe gibt es keine Lösung. Markieren Sie in diesem Fall das *x*.

26 Sie suchen eine Ausbildungsstelle für Ihren Sohn. Er macht gerade Abitur und arbeitet gern am PC.

27 Ihre Freundin sucht eine zentral gelegene Wohnung mit Balkon.

28 Ein Freund will sich selbstständig machen. Er möchte ein Gemüsegeschäft aufmachen und sucht einen Ladenraum in guter Lage.

29 Ihre Bekannte sucht eine Bürotätigkeit. Sie kann gut rechnen und am Computer arbeiten. Sie möchte keine Arbeit, bei der sie viel telefonieren muss.

30 Sie haben Erfahrung mit der Pflege alter und behinderter Menschen und möchten gern als Pflegekraft arbeiten. Sie suchen eine Festanstellung.

Lesen

Teil 2

a — Pflegedienst Bauer

sucht Mitarbeiter/innen für Fahrdienst
in Festanstellung 30–40 Stunden pro Woche oder als Aushilfskräfte für Wochenenden und Feiertage. Führerschein Klasse B und Personenbeförderungsschein für Mietwagen sind erforderlich.

Ihre Bewerbung senden Sie bitte an:

Pflegedienst Bauer · Sandweg 12 · 60361 Frankfurt

b — FRANKFURT CITY

Direkt vom Eigentümer:
repräsentative helle Geschäfts- und Büroräume im Büroturm West, 5.–10. Stock, Einheiten von 100–200 m² mit schönen Balkons, zentral gelegen, möbliert und unmöbliert in verschiedenen Preisklassen.

Info: 0162 208 21 48

c — OLA Import/Export

Arbeiten Sie gern selbstständig?
Arbeiten Sie gern mit Zahlen?

Für unseren Ein- und Verkauf suchen wir engagierte Mitarbeiter/innen für die Datenerfassung mit PC-Kenntnissen in Word und Excel.

Bewerbung bitte an:
OLA Import/Export
Eisenacher Straße 9 · 65119 Wiesbaden

d

Wegen Geschäftsaufgabe Nachmieter gesucht

Verkaufsräume 120 m²

EG mit großem Schaufenster vielseitig nutzbar
+ 2 WCs + Parkplätze direkt in der Innenstadt kundenfreundlich erreichbar

☎ 0162/208 14 30

e — Software & Co

Ein Beruf mit Zukunft: Bürokaufmann/-frau

→ Planen und organisieren Sie gern, arbeiten Sie gern am Computer?
→ Bei uns erlernen Sie den Beruf in einem modernen Softwareunternehmen.
→ Wir helfen Ihnen bei der Vorbereitung auf die IHK-Prüfung zum/zur Bürokaufmann/-frau.
→ Haben Sie Ihr Abitur oder sind Sie dabei, es in diesem Jahr zu machen?

Dann melden Sie sich bei uns.
Software & Co, 65760 Eschborn, Tel. 0162 208 21 48

f

Von privat:

2-Zi-Whg,

56 m², 480 € WM, Küche, Bad, großer Balkon komplett renoviert, ab sofort zu vermieten. Gute Innenstadtlage. S-/U-Bahnverbindung zu Fuß zu erreichen.

Tel: 0162 209 05 03

g — ALL-IN-VERSICHERUNGEN
– weltweit tätig –

Zur Unterstützung unseres Teams suchen wir **Voll- und Teilzeitkräfte** zur telefonischen Angebotserstellung in unseren Servicezeiten Mo–So: 8.00–24.00 Uhr. Sie haben eine angenehme Telefonstimme und gute Computerkenntnisse.

Bitte Zuschriften an: ccc-Personalservice
Mörfelder Landstraße 115 · 60582 Frankfurt

h — Suche Nachmieter

für helle 2-Zi-Whg, 60 m², 400 € warm, großer Balkon. Am Stadtrand gelegen, 10 Minuten vom Stadtwald entfernt, ideal für Kinder. Stellplatz für Auto kann gemietet werden.

✆ 0162 208 99 82

Kontrollieren Sie Ihre Lösungen mit dem Lösungsheft. Wie war Ihr Ergebnis? Womit hatten Sie Schwierigkeiten?

Im Folgenden möchten wir die Aufgabe an einem Beispiel erklären und Schritte zur Lösung zeigen.

Lesen
Teil 2

Schritt 1: Die erste Situation lesen, wichtige Wörter unterstreichen

Lesen Sie noch einmal die Situation 26. Unterstreichen Sie die wichtigen Informationen.

26 Sie suchen eine Ausbildungsstelle für Ihren Sohn. Er macht gerade Abitur und arbeitet gern am PC.

Schritt 2: Passende Anzeigen zu der Situation auswählen

Lesen Sie schnell die Anzeigen auf Seite 29. Wählen Sie zunächst alle Anzeigen aus, die zu der Situation passen können. Notieren Sie mit Bleistift daneben die Nummer der Aufgabe.

> **TIPP** *Überfliegen Sie die Anzeigen nur, lesen Sie sie also schnell und konzentrieren Sie sich auf die wichtigsten Wörter.*

Vergleichen Sie die wichtigen Wörter der Aufgabe mit den Anzeigen. Wählen Sie die Anzeigen aus, die gleiche oder ähnliche Wörter haben. Meist findet man zwei oder mehr Anzeigen.

Gleiche Wörter wie in der Aufgabe sind „PC" in Anzeige c und „Abitur" in Anzeige e.
Markieren Sie die Anzeigen c und e, denn sie könnten zur Situation passen.

Schritt 3: Die markierten Anzeigen genau lesen

Lesen Sie nun die markierten Anzeigen genau. Unterstreichen Sie wichtige Wörter und vergleichen Sie diese mit den wichtigen Wörtern in der Aufgabe.

Achten Sie beim Vergleichen nicht nur auf gleiche Wörter, sondern auf Ausdrücke mit der gleichen Bedeutung, z. B. „am PC/Computer arbeiten" oder „Ausbildungsstelle"/„den Beruf erlernen".

In Anzeige c passt nur „PC-Kenntnisse" zur Aufgabe, aber in Anzeige e passen die Wörter „gern am Computer arbeiten", „den Beruf erlernen" und „Abitur machen". Diese Anzeige bietet eine Ausbildungsstelle an. Anzeige e ist also richtig.

Schritt 4: Die richtige Lösung markieren

Wenn Sie sicher sind, markieren Sie Ihre Lösung auf dem Antwortbogen.

Schritt 5: Die anderen Situationen genauso bearbeiten

Für eine Aufgabe gibt es keine passende Anzeige. Markieren Sie hier beim *x* auf dem Antwortbogen.

Schritt 6: Die Lösungen am Schluss noch einmal kontrollieren

Lesen Teil 3

In diesem Prüfungsteil wird geprüft, ob Sie Informationen in Mitteilungen und Briefen verstehen können.

Was sollen Sie tun?

Sie bekommen drei Texte: kurze Artikel aus der Zeitung, kurze Mitteilungen oder Notizen.

Zu jedem Text gibt es zwei Aufgaben. Sie entscheiden zuerst, ob eine Aussage zum Text richtig ist oder falsch. Dann entscheiden Sie, welche von drei Einzelaussagen richtig ist: a, b oder c.

Lösen Sie zur Vorbereitung auf diesen Prüfungsteil die folgenden Aufgaben.

1 Ein Zeitungsartikel. Worum geht es in diesem Artikel? Notieren Sie das Thema.

> Wenn nach den Ferien am Montag die Schule wieder anfängt, bleibt es an zwei Schulen in Hofheim still. Die Schulen werden bald vollständig renoviert.
> 5 Zu viel giftiges Asbest befindet sich in der Bausubstanz, das kann zu Gesundheitsproblemen bei den 300 Schülern und Lehrern führen. Trotzdem haben die Schüler der beiden Schulen Unterricht. Die Kinder werden auf andere Schulen im Umland 10 verteilt. Die Elternvertreter sind zufrieden. Auch wenn die nächste Zeit für die Schüler eine Belastung sein wird, gibt es keinen Unterrichtsausfall.

Thema: ....

2 Lesen Sie die folgende Aussage genau. Unterstreichen Sie wichtige Wörter. Suchen Sie dann in dem Zeitungsartikel den Satz, der am besten zu der Aussage passt. Notieren Sie den Satz.

Nach den Ferien müssen die Schüler umziehen.

....

3 Entscheiden Sie, ob die Aussage und der Satz aus dem Text dasselbe bedeuten (richtig) oder nicht (falsch), und markieren Sie die richtige Lösung.

Nach den Ferien müssen Schüler umziehen. ☐ richtig ☐ falsch

Die nächste Aufgabe entspricht der Aufgabenstellung bei der Prüfung. Versuchen die Aufgabe zu lösen. Arbeiten Sie ohne Wörterbuch. Wir empfehlen für diesen Teil zehn Minuten.

Lesen
Teil 3

4 Lesen Sie die drei Texte. Zu jedem Text gibt es zwei Aufgaben. Entscheiden Sie bei jedem Text, ob die Aussage richtig oder falsch ist und welche Antwort (a, b oder c) am besten passt. Markieren Sie Ihre Lösungen für die Aufgaben 31–36 auf dem Antwortbogen.

Arbeit bei der Polizei

Die hessische Polizei startet eine Kooperation mit ausländischen Tageszeitungen. Ziel ist es, mehr ausländische Bewerberinnen und Bewerber für den Polizeiberuf zu interessieren. Als Vermittler zwischen den Kulturen genießen ausländische Polizisten besonderes Vertrauen in den unterschiedlichen Bevölkerungsgruppen. Sie sprechen die Sprache und sind mit den Traditionen ihrer Landsleute vertraut. Viele junge Menschen wissen nicht, dass Hessen schon seit 1994 Ausländer in den Polizeidienst einstellt. Dazu wird die deutsche Staatsangehörigkeit nicht benötigt.

Der Anteil der Neueinstellungen von Polizisten, die nicht in Deutschland geboren sind, lag im vergangenen Jahr bei etwa 17 Prozent. Das entspricht ungefähr dem statistischen Ausländeranteil in Hessen. Ziel ist es, die Zahl der Ausländer bei der Polizei in den kommenden Jahren auf bis zu 25 Prozent zu erhöhen.

31 Die Polizei Hessens möchte, dass mehr Ausländer bei ihr arbeiten.
richtig/falsch?

32 Wenn man bei der Polizei arbeiten will,

- **a** muss man keinen deutschen Pass haben.
- **b** muss man seit 1994 in Deutschland leben.
- **c** bekommt man nächstes Jahr 25 Prozent mehr Gehalt.

Liebe Eltern,

am Samstag, den 4. Juni gibt es in der Albert-Schweitzer-Schule ein kleines Fest zur Eröffnung des neuen Schulhofs. Dazu laden wir Sie herzlich ein. **Beginn 15 Uhr**

16.00 Uhr: Aufführung der Music Kids und ein kleines Theaterstück der Klassen 4a und 4b – alles auf dem neuen Schulhof, bei schlechtem Wetter in der Aula.

Für Essen und Trinken ist gesorgt. Bitte bringen Sie aber, um Müll zu vermeiden, Tassen, Becher usw. mit. Sie finden unsere herzhaften und süßen Angebote sowie die Getränke auf dem neuen Schulhof und in der Cafeteria. Auf dem Fest können Sie auch die neuen Schul-T-Shirts kaufen, die endlich eingetroffen sind. Wir freuen uns auf Ihr Kommen!

---

33 Die Schule plant ein Fest, weil die neue Cafeteria fertig ist.
richtig/falsch?

34 Die Festbesucher sollen

- **a** T-Shirts der Schule tragen.
- **b** eigenes Geschirr mitbringen.
- **c** auf dem Schulhof Theater spielen.

Lesen
Teil 3

An alle Mieter!

Immer wieder beschweren sich Mieter über den Zustand des Kellers. Dort sind viele Fahrräder abgestellt, die nicht genutzt werden, sodass Mieter Probleme haben, an ihre Fahrräder zu kommen.

Wir bitten Sie, an Ihr Fahrrad ein Namensschild zu hängen und Räder, die nicht benutzt werden, bis zum 1. August aus dem Keller zu nehmen. Außerdem bitten wir Sie, andere Gegenstände, z.B. alte Möbel, die nicht in den Keller gehören und dort abgestellt wurden, auch bis zum 1. August zu entfernen. Wenn das nicht geschieht, werden wir einer Firma den Auftrag geben, Fahrräder ohne Namensschild und die Sachen, die nicht in den Keller gehören, abzutransportieren. Die Kosten verteilen wir auf alle Mieter. Danach gilt die Regelung: Jeder Mieter darf nur noch ein Fahrrad in den Keller stellen.

Vielen Dank für Ihr Verständnis.

35 Der Fahrradkeller ist zu voll.
richtig/falsch?

36 Nach dem 1. August

- **a** dürfen keine Räder mehr in den Keller gestellt werden.
- **b** müssen die Mieter etwas zahlen, wenn sie ihr Fahrrad in den Keller stellen.
- **c** gibt es im Keller nur noch Platz für ein Fahrrad für jeden Mieter.

Kontrollieren Sie Ihre Lösungen mit dem Lösungsheft.
Wie war Ihr Ergebnis? Womit hatten Sie Schwierigkeiten?

Im Folgenden möchten wir die Aufgabe an einem Beispiel erklären und Schritte zur Lösung zeigen.

Lesen
Teil 3

Schritt 1: Die erste Aufgabe lesen, wichtige Wörter unterstreichen

Lesen Sie jetzt die Aufgabe genau und unterstreichen Sie wichtige Wörter.

Sie müssen die Aufgabe gut verstehen, damit Sie die Informationen im Text schnell finden.

31 Die Polizei Hessens möchte, dass mehr Ausländer bei ihr arbeiten.

Schritt 2: Passende Stellen im Text markieren

Lesen Sie schnell: Wo finden Sie passende Informationen im Text, um die Aufgabe 31 zu lösen? Unterstreichen Sie diese Stellen und schreiben Sie die Nummer der Aufgabe dazu.

TIPP *Wenn die Nummer der Aufgabe neben der Textstelle steht, können Sie sie immer gut wiederfinden.*

Arbeit bei der Polizei

Die hessische Polizei startet eine Kooperation mit ausländischen Tageszeitungen. Ziel ist es, mehr ausländische Bewerberinnen und Bewerber für den Polizeiberuf zu interessieren. Als
5 Vermittler zwischen den Kulturen genießen ausländische Polizisten besonderes Vertrauen in den unterschiedlichen Bevölkerungsgruppen. Sie sprechen die Sprache und sind mit den Traditionen ihrer Landsleute vertraut. Viele junge
10 Menschen wissen nicht, dass Hessen schon seit 1994 Ausländer in den Polizeidienst einstellt. Dazu wird die deutsche Staatsangehörigkeit nicht benötigt.
  Der Anteil der Neueinstellungen von Polizisten, die nicht in Deutschland geboren sind, lag 15 im vergangenen Jahr bei etwa 17 Prozent. Das entspricht ungefähr dem statistischen Ausländeranteil in Hessen. Ziel ist es, die Zahl der Ausländer bei der Polizei in den kommenden Jahren auf bis zu 25 Prozent zu erhöhen.  20

Schritt 3: Die markierten Stellen mit den Aussagen vergleichen

Lesen Sie die Stellen genau, die Sie unterstrichen und markiert haben, und vergleichen Sie sie mit der Aufgabe.

Die wichtigsten Stellen für Aufgabe 31 finden Sie in den Zeilen 2–4 und 18–20.

Die Aufgabe und die Sätze bedeuten das gleiche: „Die Polizei Hessens möchte, dass mehr Ausländer bei ihr arbeiten", d.h., sie hat das „Ziel", „die Zahl der Ausländer bei der Polizei … zu erhöhen."

Markieren Sie also bei Aufgabe 31 „richtig".

Schritt 4: Die Lösung markieren

Markieren Sie dann Ihre Lösung auf dem Antwortbogen.

Lesen

Teil 3

Schritt 5: Die zweite Aufgabe lesen, wichtige Wörter unterstreichen

Lesen Sie jetzt die zweite Aufgabe und unterstreichen Sie wichtige Wörter.

32 Wenn man bei der Polizei arbeiten will,
   a muss man keinen deutschen Pass haben.
   b muss man seit 1994 in Deutschland leben.
   c bekommt man nächstes Jahr 25 Prozent mehr Gehalt.

Schritt 6: Passende Stellen im Text markieren

Suchen Sie nun im Text „Arbeit bei der Polizei" die passenden Stellen, um Aufgabe 32 zu lösen. Unterstreichen Sie diese Stellen und notieren Sie die Nummer der Aufgabe dazu.

Schritt 7: Die markierten Stellen mit den Aussagen vergleichen

Gehen Sie vor wie in Schritt 2: Lesen Sie die Stellen genau, die Sie unterstrichen und mit der Aufgabennummer 32 markiert haben. Vergleichen Sie diese Stellen mit den Aussagen a, b und c.

Nur die Aussage, die dasselbe bedeutet wie der Satz in der Aufgabe, ist die richtige Lösung.

In den Zeilen 12–13 steht, dass für „den Polizeidienst" „die deutsche Staatsbürgerschaft nicht benötigt" wird. Das bedeutet, „man (muss) keinen deutschen Pass haben".

Darum ist Lösung a richtig.

Achtung: Die Lösungen b und c enthalten auch Wörter aus dem Text („seit 1994", „25 Prozent"). Sie passen aber nicht zur Aussage des Textes. Dort steht nicht, dass man „seit 1994 in Deutschland leben" muss (b) oder dass Polizisten „25 Prozent mehr Gehalt" bekommen (c).

Schritt 8: Die Lösung markieren

Schritt 9: Die Texte 2 und 3 und die folgenden Aufgaben genauso bearbeiten

 *Sie haben gesehen: Sie müssen nicht den ganzen Text genau lesen. Sie können einige Stellen schnell lesen, um die wichtigen Stellen im Text zu finden. Nur diese lesen Sie genau. So sparen Sie Zeit.*

Lesen Teil 4

In diesem Prüfungsteil wird geprüft, ob Sie Informationen in einem längeren Text verstehen können.

Was sollen Sie tun?

Sie bekommen einen längeren Text mit drei Aussagen. Bei dem Text handelt es sich z. B. um Informationen zu Produkten oder Veranstaltungen, um Gebrauchsanweisungen u. s. w.
Sie sollen entscheiden, ob die Aussagen richtig oder falsch sind. Die Informationen dazu finden Sie im Text.

Lösen Sie zur Vorbereitung auf diesen Prüfungsteil die folgenden Aufgaben.

1 Schwierige Wörter? Lesen Sie den Text und erklären Sie die unterstrichenen Wörter aus dem Zusammenhang.

Bei „sperren" und „Sperrung" hilft die Überschrift.

EC Karte verloren – was tun?

- Die Karte sofort sperren lassen. Dann kann keine Person mehr mit Ihrer Karte Geld abheben.
- Rufen Sie während der Geschäftszeiten Ihre Bank an und bitten Sie um die Sperrung.
- Ist Ihre Bank geschlossen, gibt es in ganz Deutschland zwei Telefonnummern: +49(0)1805 021 021 und den Sperr-Notruf 116 116 (ohne Vorwahl), +49 116 116 aus dem Ausland. **Wichtig:** Rufen Sie im Notfall sofort an!
- Für die Kartensperrung werden Sie mit einem Sprachcomputer verbunden und müssen Ihre Bankleitzahl und Kontonummer angeben.
- Gehen Sie nach der Sperrung zur Polizei und erstatten Sie Anzeige (bei Diebstahl).

---

2 Ist die Aussage richtig oder falsch? Lesen Sie den Text noch einmal und unterstreichen Sie die Textstellen, die wichtig sind, um die Aufgabe zu lösen, und markieren Sie.

Den Notruf können Sie nur über Ihren Computer erreichen. ☐ richtig ☐ falsch

Die nächste Aufgabe entspricht der Aufgabenstellung bei der Prüfung. Versuchen Sie, die Aufgabe zu lösen. Arbeiten Sie ohne Wörterbuch. Wir empfehlen für diesen Teil acht bis zehn Minuten.

Lesen
Teil 4

3 Lesen Sie den Text. Entscheiden Sie, ob die Aussagen 37–39 richtig oder falsch sind.
Markieren Sie Ihre Lösungen für die Aufgaben 37–39 auf dem Antwortbogen.

VERBRAUCHER-INFORMATION

Handy-Kündigung – Wie kündige ich richtig?

Sie wollen Ihren Anbieter wechseln?

Bei der Kündigung eines Handyvertrags gibt es eine Mindestvertragslaufzeit. Diese beträgt meistens zwei Jahre. Danach verlängert sich der Vertrag automatisch, meistens um weitere sechs bis zwölf Monate.

Unterschreiben Sie das Kündigungsschreiben persönlich. Kündigen Sie nicht per E-Mail. Kündigungen ohne persönliche Unterschrift werden oft nicht anerkannt.

Bei Kündigungen gibt es eine Kündigungsfrist. Diese beträgt in der Regel drei Monate. Die Kündigung muss beim Handyanbieter also spätestens drei Monate vor Ende der Vertragslaufzeit eingehen. In Ausnahmefällen können Sie auch kündigen, ohne sich an diese Frist zu halten. Dann müssen Sie aber einen Kündigungsgrund angeben.
Informieren Sie sich vorher, falls Sie Zweifel haben.
Am besten kündigen Sie per Einschreiben mit Rückschein: Der Empfänger unterschreibt dann persönlich, dass er die Kündigung erhalten hat.

Was noch interessant sein könnte:

Bei einem Wechsel des Anbieters können Sie Ihre alte Nummer meistens mitnehmen. Dafür müssen Sie aber eine Gebühr bezahlen.
Vorsicht: Einige Anbieter verlangen nach Vertragsende die SIM-Karte zurück. Wenn Sie diese nicht zurückgeben, kann das 30 € kosten.

Wenn Sie Ihre alte Handynummer zum neuen Anbieter mitnehmen möchten, ist es sinnvoll, wenn Sie eine Kündigungsbestätigung von Ihrem alten Anbieter an den neuen Anbieter schicken. Darin sollten die wichtigsten Details wie Zeitpunkt des Vertragsendes und Ihre Kundendaten stehen.

---

37 Normalerweise müssen Sie Ihr Handy mindestens drei Monate vor Ende des Vertrags kündigen.
richtig/falsch?

38 Sie müssen bei einer Kündigung immer auch Gründe für die Kündigung angeben.
richtig/falsch?

39 Die Mitnahme der alten Handynummer ist kostenlos.
richtig/falsch?

Teil 4		
37	☐ richtig	☐ falsch
38	☐ richtig	☐ falsch
39	☐ richtig	☐ falsch

Kontrollieren Sie Ihre Lösungen mit dem Lösungsheft.
Wie war Ihr Ergebnis? Womit hatten Sie Schwierigkeiten?

Im Folgenden möchten wir die Aufgaben an einem Beispiel erklären und Schritte zur Lösung zeigen.

Lesen
Teil 4

Schritt 1: Die Überschrift lesen, das Thema des Textes erkennen

Die Überschrift sagt Ihnen, um was es im Text geht. Lesen Sie die Überschrift des Textes auf S. 37 noch einmal und notieren Sie hier das Thema.

....

Schritt 2: Die erste Aufgabe lesen, wichtige Wörter unterstreichen

Lesen Sie nochmals die Aufgabe 37 und unterstreichen Sie die wichtigen Wörter.

37 Normalerweise müssen Sie Ihr Handy mindestens drei Monate vor Ende des Vertrags kündigen.

Schritt 3: Den Text schnell lesen, die passenden Textstellen zu der Aufgabe suchen und markieren

Lesen Sie nun den Text schnell und notieren Sie die Aufgabennummern bei den passenden Textstellen.

> Sie wollen Ihren Anbieter wechseln?
>
> Bei der Kündigung eines Handyvertrags gibt es eine Mindestvertragslaufzeit. Diese beträgt meistens zwei Jahre. Danach verlängert sich der Vertrag automatisch, meistens um weitere sechs bis zwölf Monate.
> …
> Bei Kündigungen gibt es eine Kündigungsfrist. Diese beträgt in der Regel drei Monate. Die Kündigung muss beim Handyanbieter also spätestens drei Monate vor Ende der Vertragslaufzeit eingehen. In Ausnahmefällen können Sie auch kündigen, ohne sich an diese Frist zu halten. Dann müssen Sie aber einen Kündigungsgrund angeben.
> Informieren Sie sich vorher, falls Sie Zweifel haben.
> …

Schritt 4: Die markierten Stellen mit der Aufgabe vergleichen

Die passende Textstelle zur Aufgabe 37 steht in den Zeilen 5–7. Vergleichen Sie die wichtigen Wörter in der Aufgabe mit den wichtigen Wörtern im Text: „Normalerweise … mindestens drei Monate vor Ende des Vertrags kündigen" bedeutet, dass die Kündigung … spätestens drei Monate vor Ende der Vertragslaufzeit eingehen" muss. „Normalerweise" bedeutet dasselbe wie „in der Regel".

Schritt 5: Die Lösung markieren

Sie können bei Aufgabe 37 also „richtig" markieren.

Schritt 6: Bei den anderen Aufgaben genauso vorgehen

Lesen Teil 5

Wörter in einem Brief ergänzen

In diesem Prüfungsteil wird geprüft, ob Sie wichtige Formen der geschriebenen Sprache kennen. Sie sollen zeigen, dass Sie mit dem Aufbau und der Sprache eines formellen Briefes vertraut sind.

Was sollen Sie tun?

Sie sollen Wörter in einem Brief ergänzen.
Sie bekommen einen Brief, in dem sechs Wörter fehlen. Zu jedem fehlenden Wort gibt es drei Lösungen zur Auswahl. Sie sollen die richtige Lösung herausfinden. Immer nur eine Lösung ist richtig.

Sie sollen den Gesamttext verstehen und zum Beispiel entscheiden,

- welche Anrede richtig ist: Sehr geehrte/r ..., Liebe/r ...
- welche Wörter zu der Situation passen.
- welche Modalverben zum Inhalt des Briefes passen.
- welche Personalpronomen (Sie/du, Ihnen/euch/dir) richtig sind.

Lösen Sie zur Vorbereitung auf diesen Prüfungsteil die folgende Aufgabe.

1 Was passt zusammen?

Sehr geehrte	Grüße
Mit freundlichen	Damen und Herren,
Liebe	Herr Bauer,
Viele	Frau Schmidt,
Sehr geehrter	Grüßen

Die nächste Aufgabe entspricht der Aufgabenstellung bei der Prüfung. Versuchen Sie, die Aufgabe zu lösen. Arbeiten Sie ohne Wörterbuch. Wir empfehlen für diesen Teil fünf Minuten Bearbeitungszeit.

1 Lesen

Teil 5

2 Lesen Sie den Text und schließen Sie die Lücken 40–45. Welche Lösung (a, b oder c) passt am besten?
Markieren Sie Ihre Lösungen für die Aufgaben 40–45 auf dem Antwortbogen.

Agentur für Arbeit · Familienkasse · Fischerfeldstraße 10–12
                                          60311 Frankfurt

Frankfurt, den 17. September 2020

Ihr ___0___ auf Kindergeld

___40___ Herr Usta,

Ihr Antrag auf Kindergeld ist heute eingegangen.
Leider fehlen noch einige ___41___. Auch haben Sie vergessen, den Antrag zu ___42___.
Wir ___43___ Sie bitten, in den nächsten Tagen zwischen 8.00 und 12.00 Uhr bei der Familienkasse (Raum 311) vorbeizukommen.
Falls einige Punkte im Antragsformular unklar sein sollten, helfen wir ___44___ gern.

Mit ___45___ Grüßen

Ihre Agentur für Arbeit

Beispiel:

0   a Betrag
    b Beitrag
    c Antrag   ☐ ☐ ☒
                    a b c

40	a Sehr geehrte	42	a beschreiben	44	a Sie
	b Sehr geehrter		b verschreiben		b Ihnen
	c Lieber		c unter-schreiben		c euch

41	a Aufgaben	43	a möchten	45	a lieben
	b Angaben		b können		b fröhlichen
	c Ansagen		c sollen		c freundlichen

Teil 5
40 ☐ ☐ ☐   a b c
41 ☐ ☐ ☐   a b c
42 ☐ ☐ ☐   a b c
43 ☐ ☐ ☐   a b c
44 ☐ ☐ ☐   a b c
45 ☐ ☐ ☐   a b c

Wenn Sie in der Prüfung mit dem Teil Lesen fertig sind, müssen Sie auf das Zeichen der Prüfenden warten. Blättern Sie davor nicht um.

Kontrollieren Sie Ihre Lösungen mit dem Lösungsheft.
Wie war Ihr Ergebnis? Womit hatten Sie Schwierigkeiten?

Im Folgenden möchten wir die Aufgabe an einem Beispiel erklären und Schritte zur Lösung zeigen.

Lesen
Teil 5

Schritt 1: Beim ersten Lesen die einfachen Aufgaben lösen

Lesen Sie den Brief aufmerksam durch und lösen Sie dabei schon die leichten Aufgaben. Nur eine Lösung passt: Markieren Sie a, b oder c auf dem Antwortbogen.

> **TIPP** *Wenn Sie etwas nicht sofort wissen, denken Sie nicht zu lange nach und gehen Sie zur nächsten Aufgabe.*

Schritt 2: Beim zweiten Lesen die restlichen Aufgaben lösen

Lesen Sie den Brief noch einmal und versuchen Sie die Aufgaben zu lösen, bei denen Sie sich nicht sicher waren.

> **TIPP** *Verlassen Sie sich auf Ihr Sprachgefühl, Ihre Erfahrung. Auch wenn Sie nicht sicher sind, markieren Sie auf jeden Fall etwas. Vielleicht treffen Sie ja gerade die richtige Lösung!*

Schritt 3: Die Lösungen kontrollieren

Vorbereitung auf den Prüfungsteil Lesen im Kurs

Teil 1 und 2

1 Sammeln Sie Übersichten, z. B. aus Katalogen, und fotografieren Sie Wegweiser in Kaufhäusern und Ärzte- und Behördenzentren. Schreiben Sie selbst dazu Aufgaben. Was suchen Sie? Tauschen Sie im Kurs Ihre Aufgaben aus.

2 Arbeiten Sie in Gruppen und machen Sie selbst Arbeitsblätter. Bringen Sie dazu Anzeigen aus einer deutschsprachigen Zeitung mit. Wählen Sie acht Anzeigen aus und notieren Sie zu jeder eine Situation auf ein Arbeitsblatt. Tauschen Sie Ihr Arbeitsblatt und Ihre Anzeigen mit einer anderen Gruppe aus. Lösen Sie die Arbeitsblätter der anderen Gruppe.

Teil 3 und 4

1 Arbeiten Sie in Gruppen. Jede Gruppe sucht sich einen interessanten kurzen Artikel aus einer deutschsprachigen Zeitung aus. Suchen Sie schwierige Wörter und versuchen Sie gemeinsam, ihre Bedeutung aus dem Zusammenhang zu verstehen.
Teilen Sie die Gruppen in zwei kleinere Gruppen. Jede Kleingruppe notiert fünf Fragen zu dem Artikel. Die andere Gruppe versucht dann, diese Fragen zu beantworten.

2 Schwierige Wörter? Lesen Sie Texte auf den Seiten 31–37 noch einmal. Streichen Sie schwierige Wörter durch, die Sie nicht brauchen, um die Aufgabe zu lösen.

Teil 5

Sammeln Sie Briefe, die Sie von Ämtern, Behörden, Firmen usw. bekommen haben. Gibt es Formulierungen, die immer wieder auftauchen? Sammeln Sie diese Formulierungen im Kurs.

1 Schreiben

Übersicht

Schreiben: Übersicht

In diesem Prüfungsteil zeigen Sie, dass Sie sich schriftlich auf Deutsch verständigen können.

Was sollen Sie tun?

Sie sollen eine Kurzmitteilung zu einem Thema schreiben. Sie sollen frei formulieren und dabei Formen, die zu einem Brief / einer E-Mail gehören, verwenden, z. B. die Anrede, den Gruß sowie die richtigen Höflichkeitsformen.

Sie erhalten dazu zwei Aufgaben, aus denen Sie eine auswählen dürfen.

Die Aufgabe enthält einen kurzen Einleitungstext mit der Situation und vier Inhaltspunkte. Sie sollen einen passenden Brief/ eine passende E-Mail schreiben und alle Inhaltspunkte bearbeiten.

Zeit: 30 Minuten

Lösen Sie zur Vorbereitung auf diesen Prüfungsteil die folgenden Aufgaben:

1 Die Tochter von Samira Berger ist krank und kann nicht zur Schule gehen. Frau Berger schreibt einen Brief an die Lehrerin, Frau Maier. Bringen Sie die Sätze und Satzteile in die richtige Reihenfolge. Nummerieren Sie die Sätze.

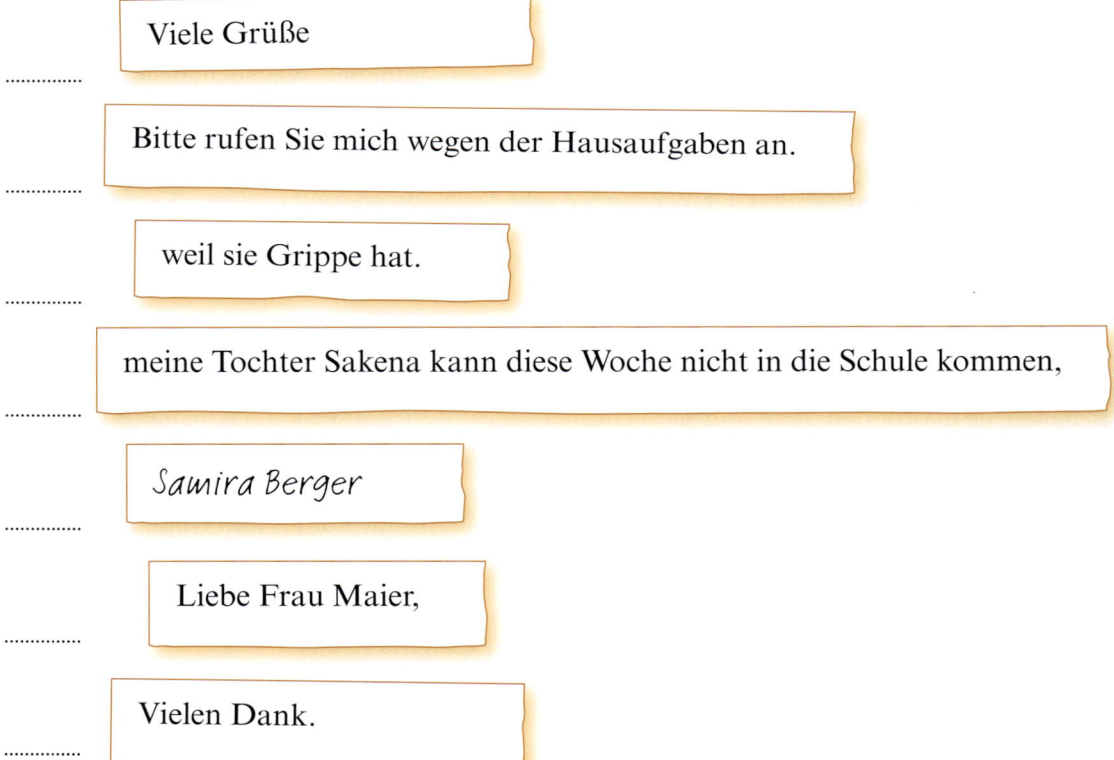

Schreiben

Kurzmitteilung

2 Frau Berger antwortet auf eine Stellenanzeige. Welche Textbausteine a – f passen in welche Lücke?

| a Könnten Sie mir mitteilen | b und habe Erfahrungen mit der Arbeit als Kellnerin | c und wie hoch die Bezahlung ist |
| d in der Sie eine Urlaubsvertretung für eine Kellnerin suchen | e Mit freundlichen Grüßen | f um mich vorzustellen |

Sehr geehrte Damen und Herren,

ich habe Ihre Anzeige gelesen, _____ (1). Ich interessiere mich sehr für die Stelle.

In der Vergangenheit habe ich schon in der Gastronomie gearbeitet _____ (2).

Allerdings habe ich noch einige Fragen: _____ (3), wie die Arbeitszeiten

sind _____ (4)? Gerne würde ich persönlich vorbeikommen, _____ (5).

Vielen Dank für eine Antwort.

_____ (6)

Samira Berger

3 Lesen Sie den folgenden Brief und schreiben Sie ihn neu. Benutzen Sie Sätze mit „außerdem", „vielleicht", „gern", „wenn", „weil", „dass", „ob" oder Nebensätze.

 *Fangen Sie nicht jeden Satz mit „ich" an. Wenn Sie Sätze gut miteinander verbinden, bekommen Sie mehr Punkte bei der Bewertung.*

Sehr geehrte Damen und Herren,

Ich schreibe Ihnen. Ich habe Ihre Anzeige gelesen. Ich interessiere mich für Ihre Wohnung. Wann haben Sie Zeit? Ich habe noch einige Fragen. Wie hoch sind die Nebenkosten? Ist die Wohnung zentral? Ich möchte schnell einen Termin ausmachen. Ich möchte vorbeikommen.

Die nächste Aufgabe entspricht der Aufgabenstellung in der Prüfung. Schreiben Sie einen Brief oder eine E-Mail. Arbeiten Sie ohne Wörterbuch und achten Sie auf die Zeit. Sie haben 30 Minuten.

Schreiben
Kurzmitteilung

4 Wählen Sie Aufgabe A *oder* Aufgabe B. Zeigen Sie, was Sie können. Schreiben Sie möglichst viel.
Schreiben Sie Ihren Text auf den Antwortbogen.

Aufgabe A

Sie besuchen einen Deutschkurs. Sie können diese Woche nicht in den Unterricht kommen. Nächste Woche wird im Unterricht aber ein Modelltest zur Deutschprüfung gemacht.
Schreiben Sie Ihrer Kursleiterin, Frau Schuster, einen Brief.

Schreiben Sie etwas über folgende Punkte. Vergessen Sie nicht die Anrede und den Gruß.

- Grund für Ihr Schreiben
- Entschuldigung
- Wie zu Hause lernen?
- Wann sind Sie wieder im Kurs?

oder

Aufgabe B

In Ihrem Haus finden Sie einen Zettel der Wasserwerke. Diese führen am 12. April zwischen 8 und 12 Uhr im Haus Reparaturarbeiten durch und müssen in alle Wohnungen. Am 12. April sind Sie aber zwischen 8 und 12 Uhr nicht zu Hause. Bitten Sie Ihre Hausverwalterin, Frau Weimann, die Firma in Ihre Wohnung zu lassen. Schreiben Sie eine E-Mail.

Schreiben Sie etwas über folgende Punkte. Vergessen Sie nicht die Anrede und den Gruß.

- Grund für Ihr Schreiben
- Was soll Frau Weimann für Sie tun?
- Wo ist der Wohnungsschlüssel?
- Bedanken Sie sich.

Womit hatten Sie Schwierigkeiten? Haben Sie die Situation richtig verstanden? Haben Sie zu allen vier Punkten etwas geschrieben? Haben Sie an eine passende Einleitung und an einen passenden Schluss gedacht? Haben Sie die Sätze gut miteinander verbunden?

Konnten Sie den Brief / die E-Mail in 30 Minuten schreiben? Sie finden zu beiden Aufgaben eine Musterlösung im Lösungsheft.

Im Folgenden möchten wir die Aufgabe Schritt für Schritt durchgehen und einige Tipps zu diesem Prüfungsteil geben.

Schreiben
Kurzmitteilung

Schritt 1: Auswählen, welche Aufgabe Sie lösen möchten

Lesen Sie beide Aufgaben durch. Wählen Sie die Aufgabe aus, die Sie am einfachsten finden.

Sie müssen nur eine Situation bearbeiten, A oder B. Also schreiben Sie nur einen *Brief* / eine *E-Mail*. Welche Situation ist einfacher für Sie? Entscheiden Sie sich schnell. Verstehen Sie wichtige Wörter in Aufgabe A nicht? Dann nehmen Sie Aufgabe B. Oder umgekehrt.

Schritt 2: Die Situation genau lesen

Lesen Sie zu Ihrer Aufgabe (A oder B) nun die Situation. Machen Sie Notizen auf dem Aufgabenblatt. Wie ist die Situation?

Beispiel für Aufgabe A: *Deutschkurs, Entschuldigung bei Kursleiterin, ...*

Beispiel für Aufgabe B: *Hausverwaltung soll Wasserwerke in die Wohnung lassen, ...*

....

....

Schritt 3: Die vier Punkte genau lesen

Was wollen Sie zu den vier Punkten schreiben? Machen Sie Notizen zu jedem Punkt.

1. Punkt:

Beispiel für Aufgabe A: *krank, kann diese Woche nicht zum Kurs kommen, ...*

Beispiel für Aufgabe B: *Wasserwerke kommen, bin nicht zu Hause, ...*

....

....

2. Punkt

....

....

3. Punkt

....

....

4. Punkt

....

....

1 Schreiben
Kurzmitteilung

Schritt 4: Den Brief / Die E-Mail direkt auf den Antwortbogen schreiben

Beginnen Sie den Brief / die E-Mail. Denken Sie an Ort, Datum und die passende Anredeform.

Sie schreiben an Ihre Kursleiterin (Aufgabe A) oder Hausverwalterin (Aufgabe B). Sie kennen die Person gut/weniger gut. Sie kennen ihren Namen. Wie schreiben Sie die Person an? Vergessen Sie nicht das Komma hinter der Anrede. Schreiben Sie beim Brief auch Ort und Datum.

Schritt 5: Einen Satz oder zwei zu jedem Punkt schreiben

Schreiben Sie nun den Brief / die E-Mail. Schreiben Sie zu jedem Punkt einen oder zwei Sätze.

TIPP *Haken Sie Inhaltspunkte ab, die Sie schon erledigt haben, dann vergessen Sie keinen. Lassen Sie beim Schreiben viel Platz, am besten eine ganze Zeile zwischen Ihren Sätzen. Sie brauchen den Platz für Ihre Korrekturen im nächsten Schritt.*

Schritt 6: Den Brief / Die E-Mail beenden

Wählen Sie für den Brief / die E-Mail einen Schlusssatz, der zur Situation passt, und schreiben Sie eine passende Grußformel und Ihren Namen.

Wählen Sie für Ihre Aufgabe A oder B die passende Grußformel: „Viele Grüße" oder „Mit freundlichen Grüßen". Setzen Sie Ihren Namen darunter – dann ist der Brief / die E-Mail fertig.

Schritt 7: Den Brief / Die E-Mail überprüfen

Lesen Sie Ihren Brief / Ihre E-Mail noch einmal und achten Sie auf folgende Punkte:

- alle vier Punkte behandelt?
- (beim Brief) Datum?
- Anrede?
- Schlusssatz und Grußformel?
- Unterschrift?
- Anredeformen Sie/Ihnen/Ihr groß geschrieben?
- Groß- und Kleinschreibung?
- Nomen großgeschrieben? Denken Sie an die Artikel: der, die, das.
- Verbformen richtig? z. B. ich schreibe – Sie schreiben?
- Satzverbindungen?

Schreiben
Kurzmitteilung

Redemittel

(beim Brief) **Ort und Datum:** *Berlin, (den) 2. Februar 20…*

Anrede

Sie kennen die Person mit Namen, sagen aber nicht „du" zu ihr (z. B. Kursleiter/in).	Sie kennen die Person mit Namen, aber nicht persönlich.	Sie kennen die Person nicht mit Namen.
Liebe Frau Schneider, *Lieber Herr Schneider,*	*Sehr geehrte Frau Schneider,* *Sehr geehrter Herr Schneider,*	*Sehr geehrte Damen und Herren,*

Einleitung

Nach der Anrede steht ein Komma. Der erste Satz fängt mit einem Kleinbuchstaben an.

Liebe Frau Schneider,
leider kann ich heute nicht in den Unterricht kommen.

Die Anredeform ist *Sie*. Zu *Sie* gehören auch *Ihnen* und *Ihr/Ihre*.

*Können **Sie** mir helfen?*
*Könnte ich morgen **Ihr** Auto leihen?*
*Bitte nennen **Sie** mir **Ihre** Öffnungszeiten.*
*Ich danke **Ihnen**.*

In formellen Briefen/E-Mails benutzt man häufig den Konjunktiv.

Können Sie mir (bitte) sagen/mitteilen, ob …
Ich wäre Ihnen dankbar, wenn Sie …
Ich würde mich sehr freuen, wenn Sie …
Ich würde gern wissen, wann/ob/…
Gerne würde ich …
Wäre es möglich, dass …

Schlusssätze

Vielen Dank für Ihre Hilfe.
Vielen Dank für Ihre Antwort.
Ich freue mich auf eine Antwort.
Über eine baldige Antwort würde ich mich sehr freuen.

Grußformel

Sie kennen die Person mit Namen, sagen aber nicht „du" zu ihr (z. B. Kursleiter/in).	Sie kennen die Person mit Namen, aber nicht persönlich.	Sie kennen die Person nicht mit Namen.
Viele Grüße	*Mit freundlichen Grüßen*	

Schreiben
Kurzmitteilung

Vorbereitung auf den Prüfungsteil Schreiben im Kurs

1 Überlegen Sie sich Situationen aus dem täglichen Leben, bei denen Sie Mitteilungen schreiben mussten/müssen.

– Entschuldigungen
– Mitteilungen an Nachbarn
– Mitteilungen an Kollegen
– Briefe oder E-Mails an eine Verwaltung (Hausverwaltung, Amt)
…

2 Schreiben Sie kurze Mitteilungen/Briefe/E-Mails im Kurs. Korrigieren Sie die Briefe/E-Mails gemeinsam.

> **TIPP** *Welche Fehler machen Sie häufiger? Machen Sie eine Liste dieser Fehler und der richtigen Lösung. Achten Sie beim Schreiben besonders darauf.*

Sprechen

Übersicht

Mündliche Prüfung: Übersicht

Sie zeigen in diesem Prüfungsteil, dass Sie in einem kurzen Vortrag und im Gespräch mit anderen über Alltagsthemen sprechen können.

Die Prüfung ist in der Regel eine Paarprüfung, das heißt, dass eine weitere Person mit Ihnen zusammen geprüft wird. Die Prüfung kann aber auch als Einzelprüfung stattfinden.

Die mündliche Prüfung besteht aus drei Teilen:

Teil 1: Über sich sprechen

In diesem Teil stellen Sie sich vor. Dazu bekommen Sie ein Blatt mit Stichwörtern.
Sie sprechen über sich selbst und antworten auf Nachfragen des Prüfers oder der Prüferin.
In Teil 1 werden Sie und Ihr Prüfungspartner / Ihre Prüfungspartnerin nacheinander geprüft.

Zeit: ca. zwei Minuten pro Teilnehmer/in.

Teil 2: Über Erfahrungen sprechen

In diesem Teil bekommen Sie ein Foto zu einem bestimmten Thema und sprechen darüber (Teil 2 A). Dann beantworten Sie Nachfragen und berichten dabei über Ihre eigenen Erfahrungen in Deutschland und in Ihrem Heimatland (Teil 2 B).
Sie dürfen mit Ihrem Prüfungspartner oder Ihrer Prüfungspartnerin Erfahrungen austauschen, oder Sie sprechen nur mit Ihrem Prüfer / Ihrer Prüferin.

Zeit: ca. drei Minuten pro Teilnehmer/in.

Teil 3: Gemeinsam etwas planen

Dieser Teil entspricht einem Rollenspiel. Sie sollen gemeinsam mit Ihrer Prüfungspartnerin / Ihrem Prüfungspartner etwas planen oder aushandeln. Dazu bekommen Sie ein Themenblatt mit Stichwörtern. Sie sollen dabei Vorschläge machen, auf die Vorschläge Ihres Prüfungspartners oder Ihrer Prüfungspartnerin reagieren und zu einem gemeinsamen Ergebnis kommen.

Zeit: ca. sechs Minuten für beide Teilnehmer/innen.

Das gesamte Gespräch dauert ca. 16 Minuten.

Es dürfen keine Wörterbücher oder anderen Hilfsmittel benutzt werden.

Es gibt für diesen Prüfungsteil keine Vorbereitungszeit.

Sprechen Teil 1: Über sich sprechen

In diesem Prüfungsteil sollen Sie sich vorstellen und auf Fragen zu Ihrer Person antworten.
Sie und Ihr Prüfungspartner / Ihre Prüfungspartnerin werden nacheinander geprüft: Der erste Teilnehmer / die erste Teilnehmerin ist A, der/die zweite B.

Was sollen Sie tun?

Sie erhalten ein Blatt mit Stichwörtern. Der Prüfer oder die Prüferin fragt: „Würden Sie sich bitte vorstellen?", „Erzählen Sie bitte etwas über sich."

Stellen Sie sich vor. Sie haben dazu ca. eine Minute Zeit.

Nachdem Sie sich vorgestellt haben, stellt der/die Prüfende noch ein oder zwei weitere Fragen zu Ihrer Person. Antworten Sie auch darauf ca. eine Minute lang.

Lösen Sie zur Vorbereitung auf diesen Prüfungsteil die folgende Aufgabe.

1 a Schreiben Sie den Vorstellungstext von Erkan Demirel. Versuchen Sie, zu jedem Punkt zwei Sätze zu schreiben.

> Name: Erkan Demirel, 26 Jahre alt
> Geburtsort: Istanbul, Türkei;
> Wohnort: Hamburg (seit einem Jahr)
> Beruf/Arbeit: arbeitslos; will als Busfahrer arbeiten
> Familie: verheiratet (seit zwei Jahren), ein Kind (ein Jahr alt)
> Sprachen: Türkisch, ein wenig Deutsch und auch Englisch

Guten Tag, mein Name ist Erkan Demirel. Ich wohne in Hamburg und bin ....

....

....

1 b Schreiben Sie Ihren eigenen Vorstellungstext. Wenn Ihnen Wörter fehlen, schlagen Sie sie im Wörterbuch nach. Sprechen Sie dann jemandem Ihren Text vor. Versuchen Sie, eine Minute lang zu sprechen.

 *Tipp: Sprechen Sie in ganzen Sätzen und erzählen Sie ruhig etwas mehr über sich.*

Die nächste Aufgabe entspricht der Aufgabenstellung bei der Prüfung.

Sprechen

Teil 1

Teilnehmer/in A und B

Teil 1: Über sich sprechen

Name
_____

Geburtsort
_____

Wohnort
_____

Arbeit/Beruf
_____

Familie
_____

Sprachen

Der Prüfer oder die Prüferin sagt:

Würden Sie sich bitte vorstellen? / Erzählen Sie bitte etwas über sich.

Der Prüfer oder die Prüferin fragt nach, z. B.:

- *Was bedeutet Ihr Name?*
- *Welche Sprachen sprechen Sie zu Hause?*
- *…*

Sie können im Lösungsheft ein Beispiel für diesen Prüfungsteil nachlesen.

Im Folgenden möchten wir Ihnen einige Tipps zu diesem Prüfungsteil geben.

Sprechen
Teil 1

Schritt 1: Sich vorstellen

Nutzen Sie für Ihre Vorstellung die Stichwörter auf dem Prüfungsbogen. Sie müssen nicht zu allen Stichwörtern etwas sagen. Sie können auch zu anderen Punkten etwas sagen. Wichtig ist, dass Sie sich ausführlich vorstellen. Geben Sie zu den Stichwörtern mehr als eine Information und versuchen Sie Ihre Sätze zu verbinden. Fangen Sie nicht jeden Satz mit „Ich" an.

Sprechen Sie langsam und deutlich.

Die folgenden Redemittel können Sie für diesen Prüfungsteil brauchen.

Redemittel

- *Mein Name ist … / Ich heiße …*
- *Seit … bin ich in Deutschland.*
- *Ich komme aus …*
- *Ich bin in … geboren.*
- *Ich wohne in …*
- *Mein Beruf ist … / Ich bin von Beruf …*
- *Ich arbeite (noch) nicht.*
- *Im Moment gehe ich noch zur Schule.*
- *Ich lerne …*
- *Seit … Jahren lerne ich Deutsch.*
- *Ich habe … gelernt/studiert.*
- *An der Volkshochschule in … habe ich Deutsch gelernt.*
- *Meine Familie lebt in …*
- *Wir haben … Kinder.*
- *Außerdem spreche ich … / Ich spreche …*
- *Meine Hobbys sind …*

Schritt 2: Prüferfragen am Schluss

Nach Ihrer Vorstellung fragen die Prüfer/innen nach. Antworten Sie wieder eine Minute lang.

Am Ende des Prüfungsteils stellt der Prüfer oder die Prüferin Ihnen noch einige Fragen zu dem, was Sie gesagt haben, z. B. „*Können Sie noch etwas zu Ihren Kindern sagen? Wie alt sind sie?*"

Antworten Sie nicht nur mit einem Satz. Antworten Sie z. B.: „*Mein Sohn ist sechs Jahre alt und meine Tochter sieben. Sie gehen beide auf dieselbe Schule, hier in …*".

Weitere Prüferfragen können sein:

allgemein	*Wie lange sind Sie schon in Deutschland? Wo haben Sie so gut Deutsch gelernt?*	Arbeit/Beruf	*Was müssen Sie genau tun? Was machen Sie genau beruflich? Was sind Ihre Aufgaben? Wo haben Sie Ihren Beruf gelernt?*
Name	*Woher kommt Ihr Name? Was bedeutet er?*	Familie	*Wie groß ist Ihre Familie? Gehen Ihre Kinder schon in die Schule? Was machen Ihre Kinder? Wo leben Ihre Eltern?*
Geburtsort	*Wo ist das? Ist das eine große Stadt?*		
Wohnort	*Seit wann wohnen Sie schon in …? Wo haben Sie früher gewohnt?*	Sprachen	*Welche Sprache sprechen Sie zu Hause / mit Ihren Kindern?*

Sprechen Teil 2: Über Erfahrungen sprechen

In diesem Prüfungsteil sollen Sie über eine Alltagssituation sprechen und sich darüber mit einem Gesprächspartner unterhalten. Dabei sprechen Sie über Ihre Erfahrungen mit dieser Situation in Deutschland und in Ihrem Herkunftsland. Dies ist wieder eine Prüfung für zwei Personen. Sie sind Person A oder Person B. Die Personen erhalten verschiedene Fotos.

Was sollen Sie tun?

Sie bekommen ein Aufgabenblatt mit einem Foto zu einem Thema. Sie haben kurz Zeit, sich das Foto anzusehen. Danach sollen Sie dem Prüfer oder der Prüferin berichten, was Sie auf dem Foto sehen und was das Thema des Fotos ist.

Dann stellt eine/r der Prüfenden Fragen zu dem, was Sie gesagt haben. Sie antworten und sagen auch etwas dazu, welche Erfahrungen Sie mit diesem Thema in Deutschland und in Ihrem Heimatland gemacht haben.

Bei diesem Gespräch kann sich auch der Prüfungspartner / die Prüfungspartnerin beteiligen, oder Sie sprechen nur mit dem Prüfer oder der Prüferin.

Jeder Teilnehmer / jede Teilnehmerin hat für diesen Prüfungsteil drei Minuten.

Lösen Sie zur Vorbereitung auf diesen Prüfungsteil die folgende Aufgabe.

1 Schauen Sie sich das folgende Foto an. Was ist das Thema? Beschreiben Sie in kurzen Sätzen, worum es auf dem Foto geht.

Die nächste Aufgabe entspricht der Aufgabenstellung bei der Prüfung.

Sprechen
Teil 2

Teilnehmer/in A

Teil 2: Über Erfahrungen sprechen

Das sagt der Prüfer oder die Prüferin:

Teil 2 A

Sie haben in einer Zeitschrift ein Foto gefunden. Berichten Sie kurz:
- *Was sehen Sie auf dem Foto?*
- *Was für eine Situation zeigt das Bild?*

Teil 2 B

Erzählen Sie bitte:
- *Welche Erfahrungen haben Sie damit?*
- *Wie ist das in Ihrem Heimatland?*

Sprechen
Teil 2

Teilnehmer/in B

Teil 2: Über Erfahrungen sprechen

Das sagt der Prüfer oder die Prüferin:

Teil 2 A

Sie haben in einer Zeitschrift ein Foto gefunden. Berichten Sie kurz:
— *Was sehen Sie auf dem Foto?*
— *Was für eine Situation zeigt das Bild?*

Teil 2 B

Erzählen Sie bitte:
— *Welche Erfahrungen haben Sie damit?*
— *Wie ist das in Ihrem Heimatland?*

Sie können im Lösungsheft ein Beispiel für diesen Prüfungsteil nachlesen.

Im Folgenden möchten wir Ihnen einige Tipps zu diesem Prüfungsteil geben.

Sprechen
Teil 2

Schritt 1: Das Foto beschreiben

Beschreiben Sie das Foto. Was sehen Sie? Sie können auch Einzelheiten nennen. Sagen Sie auch etwas zu der Situation auf dem Foto. Worum geht es?

Auf dem Foto auf Seite 54 sieht man z. B. eine Familie, die zusammen ein Spiel spielt. Das Thema des Fotos könnte sein: „Freizeit in der Familie".

Die folgenden Redemittel können Ihnen bei der Beschreibung des Fotos helfen.

Redemittel

- *Auf dem Foto ist / sieht man …*
- *Das Foto zeigt …*
- *Das Foto hat das Thema …*
- *Auf dem Foto geht es um …*

Schritt 2: Auf die Prüferfragen antworten

Nachdem Sie etwa eine Minute lang gesprochen haben, entscheiden die Prüfer, ob sie eher Niveau A 2 oder Niveau B 1 prüfen. Die Prüferfragen sind deshalb unterschiedlich schwer.

Der Prüfer oder die Prüferin fragt auch, wie es in Ihrem Land ist.

Prüferfragen zu der Stufe A 2 können bei diesem Thema sein:

Was machen Sie in Ihrer Freizeit mit der Familie: Spielen Sie auch Spiele zusammen? Sehen Sie viel fern? Was machen die Leute in Ihrem Land in ihrer Freizeit?

Prüferfragen zu der Stufe B 1 könnten bei diesem Thema sein:

Was machen Sie lieber in ihrer Freizeit? in der Familie: fernsehen oder Spiele spielen? Oder etwas anderes? Gibt es besondere Spiele in Ihrem Land, die man hier in Deutschland nicht kennt? Finden Sie es problematisch, wenn man viel fernsieht?

Die folgenden Redemittel können Ihnen helfen, wenn Sie antworten.

Redemittel

- *Meine Erfahrungen damit sind …*
- *Bei uns / in meinem Land ist das ganz ähnlich / genau so / ganz anders.*
- *Ich möchte ein Beispiel nennen. / Zum Beispiel …*

Sprechen Teil 3: Gemeinsam etwas planen

In diesem Prüfungsteil sollen Sie gemeinsam mit Ihrer Prüfungspartnerin/Ihrem Prüfungspartner etwas planen.

Sie sollen Ihrem Prüfungspartner/Ihrer Prüfungspartnerin Ihre Ideen mitteilen, Vorschläge machen, auf Vorschläge der Prüfungspartnerin/des Prüfungspartners reagieren und mit ihr/ihm eine gemeinsame Lösung finden.

Was sollen Sie tun?

Sie bekommen beide die gleichen Aufgabenblätter mit der Aufgabe und einigen Stichwörtern. Planen Sie gemeinsam, was Sie tun oder besorgen möchten.

Dieser Prüfungsteil ist ein Rollenspiel. Lesen Sie sich die Situationsbeschreibung genau durch.

 *Führen Sie mit Ihrer Partnerin/Ihrem Partner ein Gespräch und kein einseitiges Interview. Schauen Sie beim Sprechen Ihre Prüfungspartnerin/Ihren Prüfungspartner an, nicht die Prüfenden.*

Lösen Sie zur Vorbereitung die folgende Aufgabe.

1 Arbeiten Sie zu zweit. Lesen Sie die folgende Situation und notieren Sie – jede/r für sich – zu jedem Punkt mindestens einen Vorschlag. Vergleichen Sie dann Ihre Vorschläge und einigen Sie sich jeweils auf einen Vorschlag.

Ihre Deutschlehrerin wird am kommenden Samstag 50 Jahre alt. Ihr Kurs möchte sie mit einer Geburtstagsparty überraschen.

– Wann?
– Wo?
– Geschenk?

Was ist Ihnen schwergefallen, was ging gut?

Die folgende Aufgabe entspricht der Aufgabenstellung bei der Paarprüfung. Versuchen Sie zu zweit, ein Gespräch zu führen.

Sprechen

Teil 3

Teilnehmer/in A und B

Teil 3: Gemeinsam etwas planen

Sie wollen am letzten Kurstag in der Schule zusammen feiern. Gemeinsam mit Ihrer Prüfungspartnerin oder Ihrem Prüfungspartner wollen Sie für diese Party etwas kochen.

Planen Sie, was Sie tun möchten. Hier sind einige Notizen:

- Was kochen?
- Wer kauft ein?
- Getränke?
- Wer bezahlt?
- Weitere Ideen für die Party?
- ...?

Wie ist es gelaufen? Waren Sie mit Ihrem Gespräch zufrieden?

Sie können im Lösungsheft ein Beispiel für diesen Prüfungsteil nachlesen.

Im Folgenden möchten wir Ihnen einige Tipps zu diesem Prüfungsteil geben.

Sprechen
Teil 3

👣 Schritt 1: Die Aufgabe lesen und verstehen

Sie müssen die Aufgabe zuerst gut verstehen, damit Sie wissen, für was Sie planen sollen. Lesen Sie sie durch, oder achten Sie darauf, was der Prüfer oder die Prüferin dazu sagt. Beginnen Sie dann, mit Ihrem Gesprächspartner oder Ihrer Gesprächspartnerin zu sprechen.

👣 Schritt 2: „Du" oder „Sie"?

Bevor Sie anfangen, mit Ihrer Prüfungspartnerin oder Ihrem Prüfungspartner zu planen, klären Sie, ob Sie „du" oder „Sie" sagen wollen. Fragen Sie z. B.: „Wollen wir ‚du' sagen?"
Wenn Sie in der Prüfung zwischen „du" und „Sie" wechseln, ist das ein Fehler.

👣 Schritt 3: Gemeinsam planen

Sprechen Sie ausführlich zu jedem Vorschlag. Machen Sie zu jedem Punkt einen Vorschlag und reagieren Sie auf die Vorschläge Ihres Partners oder Ihrer Partnerin. Sagen Sie nicht nur „ja" oder „nein", sondern sprechen Sie in längeren Sätzen.

Es ist in der Prüfung kein Problem, wenn Sie etwas nicht verstanden haben. Fragen Sie einfach nach. Schauen Sie beim Sprechen Ihre Prüfungspartnerin / Ihren Prüfungspartner an.

Die folgenden Redemittel können Ihnen bei diesem Prüfungsteil helfen.

Redemittel

etwas vorschlagen

- *Ich habe eine Idee / einen Vorschlag: …*
- *Ich schlage vor, dass …*
- *Mein Vorschlag ist …*
- *Wollen wir …?*
- *Wir könnten auch …*
- *Was hältst du / Was halten Sie davon, wenn …?*
- *Wie findest du / finden Sie …?*
- *Was meinst du / meinen Sie, wenn …?*
- *Vielleicht wäre es besser, wenn …*

☺ **zustimmen**

- *Ja, das ist eine gute Idee / ein guter Vorschlag.*
- *Wir könnten auch noch …*
- *Das gefällt mir.*
- *Wir dürfen aber nicht vergessen, …*
- *Das finde ich gut/super/prima. Weiter finde ich wichtig …*
- *Ich bin einverstanden.*
- *Damit bin ich einverstanden.*
- *Du hast / Sie haben Recht, so machen wir es.*

Sprechen
Teil 3

☹ **ablehnen**

- *Das finde ich nicht gut. Ich habe eine andere Idee: ...*
- *Ich bin (ganz) anderer Meinung. Wir sollten ...*
- *Das kommt nicht in Frage, so geht es nicht. Wir müssen auf jeden Fall zuerst ...*
- *Es tut mir leid, aber ich kann dir/Ihnen nicht zustimmen.*
- *Besser wäre es, wenn ...*

+/– 😐 **weder – noch**

- *Ich weiß nicht. Vielleicht sollten wir eher ...?*
- *Vielleicht können wir das so machen, aber ...*
- *Das ist ein ganz guter / kein schlechter Vorschlag, aber ...*
- *Ich finde es besser, wenn ...*

nachfragen

- *Tut mir leid, ich habe dich/Sie nicht verstanden.*
- *Kannst du / Können Sie / das bitte wiederholen / noch einmal sagen?*

Ihnen fällt ein Wort auf Deutsch nicht ein.

Sagen Sie offen, dass Ihnen das Wort nicht einfällt. Vielleicht kann Ihnen Ihre Prüfungspartnerin / Ihr Prüfungspartner oder die/der Prüfende helfen:
- *Tut mir leid. Mir fällt das richtige Wort nicht ein.*
- *Wie heißt das noch einmal auf Deutsch?*

Wiederholen Sie, was Sie gerade gesagt haben. Dann haben Sie etwas Zeit, um zu überlegen und wieder ruhig zu werden:
- *Ich möchte noch einmal sagen, dass ...*

Vielleicht redet Ihre Prüfungspartnerin / Ihr Prüfungspartner sehr viel und lässt Sie nicht zu Wort kommen. Dann sagen Sie zum Beispiel:

- *Moment bitte, darf ich dazu auch etwas sagen?*
- *Darf ich bitte ausreden?*

Ihre Prüfungspartnerin / Ihr Prüfungspartner weiß nicht mehr weiter oder sagt überhaupt nichts.

Stellen Sie ihr/ihm eine Frage, um sie/ihn wieder ins Gespräch zu bringen:
- *Meinst du / Meinen Sie vielleicht, dass ...?*
- *Was hältst du / halten Sie davon, wenn wir ...?*

Sprechen

Vorbereitung im Kurs

Vorbereitung auf den Prüfungsteil Sprechen im Kurs

Teil 1

Arbeiten Sie zu zweit und stellen Sie sich gegenseitig vor.

Lesen Sie zuerst die Redemittel auf S. 52 und notieren Sie ganze Sätze für Ihre eigene Vorstellung. Üben Sie dann zu zweit: der/die erste stellt sich vor, danach stellt der/die andere einige Zusatzfragen.

Teil 2

1 Suchen Sie Fotos in deutschen Zeitungen und Zeitschriften und bringen Sie diese in den Kurs mit. Arbeiten Sie zu zweit. Beschreiben Sie Ihrer Partnerin / Ihrem Partner Ihre Fotos. Sie oder er macht sich Notizen und stellt Ihnen anschließend Fragen dazu.

2 Schauen Sie sich noch einmal das Foto auf S. 53 an (Sprechen Teil 2, Übung 1) und sprechen Sie über das Foto. Welche Erfahrungen haben Sie mit diesem Thema gemacht?

Teil 3

Setzen Sie sich im Kreis zusammen. Einer macht einen Vorschlag zu einem Thema (z. B. „Was unternehmen wir heute nach dem Kurs?"). Alle anderen reagieren nacheinander auf den Vorschlag und machen einen weiteren Vorschlag.

Beispiel:
„Ich schlage vor, dass wir alle in ein Café gehen."
„Das ist zwar eine gute Idee, aber wir sind viel zu viele. Wäre es nicht besser, wenn wir im Park spazieren gehen?"
„Nein, das finde ich nicht gut. Draußen ist es doch zu kalt. Was haltet ihr davon, wenn …?"
…

2 Wortschatztraining

Personalien

Informationen zur Person

1 Sich begrüßen. Was passt? Ergänzen Sie den Dialog.

> Stelle – freut – arbeite – von Beruf – vorstellen

- Guten Tag, ich wollte mich _____ (1). Mein Name ist Zarella. Wir sind letzte Woche hier ins Haus gezogen.
- Guten Tag, _____ (2) mich. Ich bin Martin Schneider. Ich habe Sie gestern schon im Eiscafé an der Ecke gesehen. Arbeiten Sie dort?
- Ja, im Moment _____ (3) ich dort als Kellner. Eigentlich bin ich _____ (4) Koch, aber ich habe noch keine _____ (5) gefunden. Wir sind erst seit einem halben Jahr in Deutschland. Ich muss auch noch besser Deutsch lernen.
- Aber Sie sprechen doch schon sehr gut Deutsch …

2 Sich verabschieden. Was passt? Ergänzen Sie den Dialog.

> Gute – gern – besuchen – umziehen – schade – leider

- Ich habe eine Arbeit gefunden. _____ (1) kann ich dann nicht mehr in den Deutschkurs kommen.
- Das ist wirklich _____ (2). Wir bleiben aber in Kontakt.
- Auf jeden Fall. Für die Arbeit muss ich nach Wolfsburg _____ (3). Du musst mich dann unbedingt _____ (4).
- Das mache ich _____ (5). Ich wünsche dir viel Glück und alles _____ (6).

3 Ergänzen Sie die Sätze.

1. Ich heiße _____.
2. Ich lebe seit _____ in Deutschland.
3. Ich komme aus _____.
4. Ich bin in _____ geboren.
5. Ich wohne in _____.
6. Seit _____ lerne ich Deutsch.
7. Ich spreche _____.
8. Meine Familie lebt in _____.

Wortschatztraining

Personalien

4 Wie lauten die Fragen zu den Antworten? Schreiben Sie.

1. _____? – Ich bin 1980 geboren.
2. _____? – Ich bin Spanier.
3. _____? – Ja, ich bin verheiratet.
4. _____? – Ja, eine Schwester und zwei Brüder.
5. _____? – Nein, wir haben keine Kinder.
6. _____? – Meine Mutter ist 50 Jahre alt.
7. _____? – Ich spreche Spanisch und Deutsch.

5 Die Familie. Ergänzen Sie die männliche oder die weibliche Form.

1. der Vater — die _Mutter_
2. der _____ — die Großmutter
3. der Bruder — die _____
4. der Neffe — die _____
5. der _____ — die Cousine
6. der Onkel — die _____
7. der Schwiegervater — die _____
8. der _____ — die Schwägerin
9. der Sohn — die _____
10. der _____ — das Mädchen

6 Meine Familie. Ergänzen Sie.

1. Der Bruder meines Vaters ist mein _____.
2. Die Frau meines Bruders ist meine _____.
3. Der Bruder meiner Frau ist mein _____.
4. Die Schwester meiner Mutter ist meine _____.
5. Der Sohn meines Onkels ist mein _____.
6. Die Tochter meines Onkels ist meine _____.
7. Die Eltern meiner Frau sind meine _____.
8. Ich habe vier _____, zwei Brüder und zwei Schwestern.
9. Der Sohn meiner Schwester ist mein _____.

7 Welches Wort passt nicht? Streichen Sie es durch.

1. Adresse: die Straße – die Staatsangehörigkeit – der Platz – die Hausnummer – die Postleitzahl
2. Name: der Vorname – der Nachname – die Personalien – ledig – heißen
3. Familienstand: ledig – verheiratet – geschieden – verwitwet – allein
4. Familie: der Bruder – der Schwager – der Cousin – die Freundin – die Nichte
5. Hochzeit: die Heirat – die Braut – die Ehe – die Scheidung – die Liebe

2 Wortschatztraining

Wohnen

Wohnen

1 Wohin gehören diese Möbel und Sachen? Machen Sie eine Tabelle und ordnen Sie zu. Manchmal gibt es mehrere Möglichkeiten.

die Badewanne – das Bett – das Bücherregal – die Couch – die Dusche –
der Fernseher – das Geschirr – der Herd – die Kaffeemaschine – der Kleiderschrank –
der Kühlschrank – die Mikrowelle – das Sofa – der Tisch – der Sessel –
der Spiegel – der Stuhl – das Waschbecken – die Waschmaschine

Wohnzimmer	Schlafzimmer	Küche	Bad
			die Badewanne

2 Wie heißen die Wörter? Lösen Sie das Kreuzworträtsel.

1. Die Wohnung ist nicht teuer. Ich zahle nur 300 € …
2. Es ist kalt. Mach doch mal die … an.
3. Der Fernseher ist nicht kaputt. Du hast vergessen, den … in die Steckdose zu stecken.
4. Er liegt auf dem Boden und ist oft bunt und weich.
5. Das sind aber schöne Blumen. Stell sie schnell in die …
6. Wir müssen noch die Lampen an die … hängen.
7. In meiner alten Wohnung musste ich viele … steigen, weil es im Haus keinen Aufzug gab.
8. Ich bin müde. Ich lege mich jetzt ins …
9. Du kannst das Auto in die … stellen.
10. Ich habe das Bild an die … gehängt.
11. Zu unserem Haus gehört ein schöner … mit vielen Blumen und Bäumen.

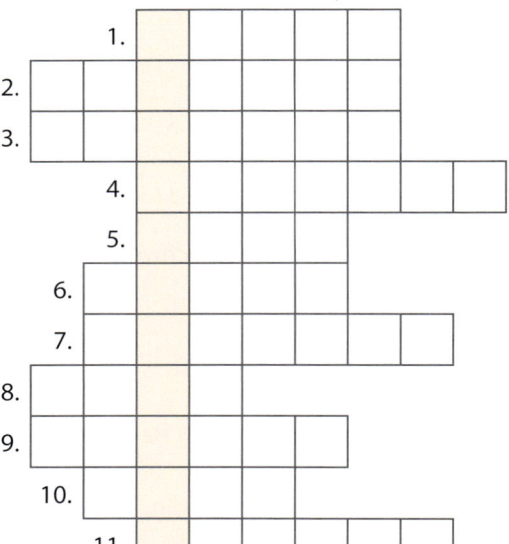

Lösung: Ein Dokument, das man unterschreibt, wenn man in eine Wohnung einzieht, heißt
_____.

Wortschatztraining

Wohnen

3 Welche Verben passen? Kreuzen Sie an.

	einrichten	kündigen	einschalten	ausmachen	einziehen	öffnen
die Wohnung	X	X				
in eine Wohnung						
den Fernseher						
die Waschmaschine						
das Fenster						
den Mietvertrag						

4 Wohnungsanzeigen. Schreiben Sie die richtigen Abkürzungen aus der Anzeige in die Lücken.

> Frankfurt/Bornheim, 2 Zi, Wfl. 50 m², EBK, großer Blk., EG, 500 Euro + NK, 2 MM KT

1. Monatsmieten _____
2. Balkon _____
3. Wohnfläche _____
4. Zimmer _____
5. Quadratmeter _____
6. Einbauküche _____
7. Kaution _____
8. Erdgeschoss _____
9. Nebenkosten _____

5 Auf Wohnungssuche. Was fragt der Anrufer? Schreiben Sie die Fragen auf.

1. _____? – Ja, sie ist noch frei.
2. _____? – Die Wohnung ist 50 m² groß.
3. _____? – Zwei Monatsmieten.
4. _____? – Für Heizung und Wasser 150 €.
5. _____? – Zur U-Bahn sind es drei Minuten.
6. _____? – Heute Abend um 20 Uhr.

6 Im Haus. Was passt zusammen? Verbinden Sie die Wörter. Schreiben Sie sie mit Artikel auf. Es gibt manchmal mehrere Möglichkeiten.

1. Haus   a zimmer   1. _____
2. Kinder   b meister   2. _____
3. Müll   c boden   3. _____
4. Treppen   d tonne   4. _____
5. Dach   e haus   5. _____

2 Wortschatztraining

Arbeit

Arbeit

1 Berufe und Tätigkeiten. Wer macht was? Schreiben Sie Sätze. Es gibt manchmal mehrere Möglichkeiten.

Arzt/Ärztin	verkaufen	Autos
Lehrer/in	entwickeln	Gebäude
Sekretärin	arbeiten	kranke Menschen
Taxifahrer	unterrichten	Rechnungen
Handwerker/in	putzen	Patienten
Verkäufer/in	bedienen	Software
Informatiker/in	schneiden	Schüler
Kellner/in	reparieren	am Computer
Krankenschwester	schreiben	Briefe
Friseur/in	untersuchen	Waren
Automechaniker/in	pflegen	Zeitschriften
Kioskbesitzer	fahren	Haare
Reinigungskraft		Menschen
		Sachen

Beispiel: *Der Automechaniker repariert Autos.*

2 Berufsgruppen. Ergänzen Sie weitere Berufe.

1. Verkehr: Taxifahrer/in, _____
2. Gesundheit: Arzt/Ärztin, _____
3. Hotel und Gaststätten: Koch/Köchin, _____
4. Erziehung/Ausbildung: Lehrer/in, _____
5. Dienstleistungen/Handel: Bankkaufmann/-kauffrau, _____
6. Öffentlicher Dienst: Polizist/in, _____

3 Fragen und Antworten. Was passt am besten? Orden Sie die Sätze richtig zu.

1. Arbeiten Sie für Menschen?
2. Haben Sie feste Arbeitszeiten?
3. Ist die Arbeit anstrengend?
4. Arbeiten Sie im Büro?
5. Sind Sie selbstständig?
6. Stellen Sie etwas her?
7. Arbeiten Sie mit Menschen zusammen?
8. Haben Sie ein gutes Gehalt?

a Nein, die Arbeit ist leicht.
b Ja, ich verdiene nicht schlecht.
c Nein, ich arbeite im Schichtdienst.
d Ja, ich habe einen eigenen Betrieb.
e Nein. Ich arbeite in der Fabrik.
f Ja, ich arbeite in einem netten Team.
g Ja, ich arbeite in einem Pflegeberuf.
h Ja, wir produzieren Autoreifen.

Wortschatztraining

Arbeit

4a Was passt zusammen? Verbinden Sie. Schreiben Sie dann die Wörter mit Artikel.

1. Land   a leiter   *die Landwirtschaft*
2. Über   b rat   _____
3. Betriebs   c statt   _____
4. Werk   d stunden   _____
5. Abteilungs   e wirtschaft   _____

4b Ergänzen Sie mit Wörtern aus 4a.

1. Der Chef meiner Abteilung ist der _____.
2. Ich muss heute länger arbeiten. Ich muss _____ machen.
3. Die Arbeitnehmer wählen einen _____.
4. Ein Automechaniker arbeitet in einer _____.
5. Mein Freund ist Bauer, er arbeitet in der _____.

5 Ergänzen Sie die Wörter aus dem Kasten. Nicht alle Wörter passen.

> angestellt – Arbeitgeber – Arbeitnehmer – Aushilfe – Einstellung – Gewerkschaft – Kündigung – Praktikum – Rente – Schichtarbeit – Streik – Teilzeit – Urlaub

1. Ein anderes Wort für Arbeiter und Angestellte ist *Arbeitnehmer*.
2. Mein Freund macht _____, er arbeitet manchmal morgens, manchmal abends, manchmal nachts. Das ist sehr anstrengend.
3. Die Organisation der Arbeitnehmer nennt man die _____.
4. Wenn ich meine Arbeit verliere, bekomme ich die _____.
5. Wir suchen eine freundliche _____ für unser Geschäft.
6. Tom war lange selbstständig, jetzt hat er aber eine feste Stelle und bekommt jeden Monat sein Gehalt. Er ist _____.
7. Frau Schmidt ist 60 Jahre alt. Sie hört jetzt auf zu arbeiten und geht in _____.
8. Ich habe noch keine Berufserfahrung, aber ich habe im letzten Jahr ein _____ bei Siemens gemacht.
9. Seit Ludmilla ein Kind hat, arbeitet sie nur noch _____.
10. Wenn ihre Forderungen nicht erfüllt werden, organisieren die Arbeiter einen _____.

Wortschatztraining

Arbeit

6 Finden Sie Wörter mit gleicher oder ähnlicher Bedeutung. Ergänzen Sie.

1. der Bauer – der Land w i r t
2. produzieren – her _ _ _ _ _ _
3. die Firma – der Be _ _ _ _ _
4. der Lohn – das Ge _ _ _ _

7 Herr Phan hat einen Kiosk. Lesen Sie den Text und lösen Sie die Aufgaben.

„Seit einem Jahr habe ich einen Kiosk. Ich verkaufe Zeitungen, Tabak, Getränke und Schokolade. Die Arbeit ist sehr interessant, denn ich habe mit vielen Menschen zu tun. Die Arbeit ist aber sehr anstrengend, weil ich auch abends und am Wochenende arbeiten muss. Meine Familie hilft mir, wenn sie kann, sodass ich etwas mehr Zeit für mich habe.
5 Ein Problem ist, dass hier gegenüber jetzt ein großer Supermarkt aufgemacht hat. Dort sind die Waren billiger und viele meiner Kunden kaufen jetzt dort ein. So läuft mein Geschäft im Moment nicht mehr so gut. Um weiter von meinem Kiosk leben zu können, möchte ich Sachen anbieten, die es im Supermarkt nicht gibt. Ich kann kleine Speisen zubereiten, einen Mittagstisch anbieten. Gerade habe ich einen Brief an die Stadtver-
10 waltung geschrieben, um zu erfahren, welche Genehmigungen ich dafür brauche. Ich habe keine Angst vor der Konkurrenz. Viele Leute mögen den persönlichen Kontakt. Das finden sie an meinem Kiosk und nicht im Supermarkt."

a. Suchen Sie die Wörter im Text, die passen, und tragen Sie sie ein.

1. eine kleine Verkaufsstelle für Zeitungen, Tabak: der _____
2. eine Erlaubnis: die _____
3. andere Händler, die das gleiche Ziel haben: die _____

b. Ergänzen Sie die passenden Verben aus dem Text. Tragen Sie sie ein.

1. Zeit für sich _____
2. Speisen _____
3. eine Genehmigung _____
4. mit vielen Menschen zu tun _____

8 Die Gehaltsabrechnung. Was passt zusammen? Notieren Sie mit Artikel.

Renten – ~~Solidar~~ – Brutto – Sozial – Lohn – Kirchen
versicherung – steuer – steuer – versicherung – gehalt – ~~zuschlag~~

1. _der Solidarzuschlag_
2. _____
3. _____
4. _____
5. _____
6. _____

Wortschatztraining

Arbeitssuche

1a Was passt zusammen? Verbinden Sie und schreiben Sie die Wörter mit Artikel. Manchmal sind mehrere Lösungen möglich.

1. Neben — a gespräch — _der Nebenjob_
2. Zeitarbeits — b lohn — _____
3. Stunden — c erfahrung — _____
4. Stellen — d firma — _____
5. Urlaubs — e stelle — _____
6. Halbtags — f vertretung — _____
7. Berufs — g job — _____
8. Vorstellungs — h lauf — _____
9. Lebens — i anzeigen — _____

1b Ergänzen Sie die Sätze mit Wörtern aus 1a.

1. Ich habe viele Bewerbungen geschrieben. Heute bin ich zu einem _____ eingeladen.
2. Das Jobcenter hat keine Arbeit für mich. Jetzt versuche ich es bei einer _____.
3. Ich suche einen Job mit einem höheren _____. Jetzt verdiene ich nur 8 €.
4. Ich suche einen _____, vielleicht ein paar Mal pro Woche morgens Zeitungen austragen.
5. Um eine Arbeit zu finden, schaue ich mir nicht nur die _____ in der Zeitung an, sondern auch die im Internet.
6. Ich habe _____ und gute Fachkenntnisse als Elektriker.

2 Auf Arbeitssuche. Ergänzen Sie den Dialog.

● Ich rufe wegen Ihrer Anz _ _ _ _ an. Ist die St _ _ _ _ _ noch frei?

▶ Ja, sie haben Glück.

● Wie ist die A _ _ _ _ _ _ _ z _ _ _ ?

▶ Das ist unterschiedlich. Sie arbeiten eine Woche von 12–20 Uhr, und eine Woche von 6–14 Uhr. Manchmal auch am Wochenende. Es gibt also keine Nachtsch _ _ _ _ .

▶ Ok, das klingt gut.

2 Wortschatztraining

Arbeitssuche

3 Sie suchen eine Arbeit. Welche Anzeige passt zu welcher Situation? Tragen Sie den richtigen Buchstaben ein.

1. Sie können gut Wände streichen, möchten aber nicht im Verkauf arbeiten. _____

2. Sie suchen eine Putzstelle. Die alte gefällt Ihnen nicht mehr, weil sie dort nur wenige Stunden am Tag arbeiten können. _____

3. Sie haben den Führerschein Klasse C und suchen eine Stelle als Fahrer. _____

a

Wir suchen ab sofort eine zuverlässige
Reinigungskraft (m/w/d)
Die Stelle wird zuerst in Zeitarbeit besetzt und kann dann in eine Festanstellung übergehen.
Sie haben Erfahrung im Bereich der Büroreinigung. Sie arbeiten eigenverantwortlich in einem kleinen Team.

b

Der **Verein Arbeit und Soziales** sucht
einen Koordinator (m/w/d)
für seine Bereiche
- Haushaltshilfe,
- Gartenhilfe und
- Fahrdienste.

Sie werden von kompetenten Sozialarbeitern unterstützt.

c

VEGA-Baumarkt
sucht freundliche/n **Verkäufer/in** oder **Kundenberater/in** für die Farbenabteilung. Berufserfahrung als Maler und Lackierer von Vorteil.

d

Euro-Pizza
sucht zuverlässige und freundliche Mitarbeiter*innen für den Bereich Service sowie Fahrer*innen für die Auslieferung.

e

Reinigungsunternehmen
sucht
flexible Mitarbeiter*innen auf 450 €-Basis.
Gerne mit Führerschein,
da unterschiedliche Einsatzorte.

f

Maler / Tapezierer (m/w/d)
für gelegentliche Kleinaufträge gesucht.
Führerschein von Vorteil …

4 Was Firmen erwarten. Ergänzen Sie.

1. Ich komme nie zu spät. Ich bin immer _pünktlich_.
2. Man kann sich auf mich verlassen. Ich bin zuver_____.
3. Wenn man kein Problem hat, manchmal auch abends oder am Wochenende zu arbeiten, ist man fl_____bel.
4. Elena ist wirklich fl_____ig. Sie nimmt sich oft Arbeit nach Hause mit.
5. Als Verkäufer sollte man immer fr_____lich sein.

Wortschatztraining 2
Mediennutzung

Mediennutzung

1 Ein Fernsehprogramm. Was passt? Ordnen Sie die Sendungen zu.

1. Krimi _____
2. Talkshow _____
3. Serie _____
4. Dokumentarfilm _____
5. Kindersendung _____
6. Nachrichten _____
7. Quiz-Sendung _____
8. Sportsendung _____
9. Science-Fiction-Film _____

a	15.00	**Willy will's wissen** Heute: Was sind Farben? Wieso ist das Meer blau und die Sonne gelb? Auch für Erwachsene.	e	20.00	**Tagesschau** Informationen aus aller Welt
b	16.00	**Die fantastische Reise mit dem Golfstrom** Ein Film über den Golfstrom, der in jeder Sekunde bis zu einhundertmal so viel Wasser wie alle Flüsse der Erde transportiert.	f	20.15	**Wer weiß am meisten?** Hauptgewinn: 50.000 €
			g	21.00	**Tödliche Party** Die Party auf einem Ausflugsschiff endet für einen der Gäste tödlich. Ein Fall für Kommissar Koch.
c	16.30	**Hermannstraße** Folge 38. Hat der boshafte Erik bei Irina Erfolg?	h	22.30	**Gefahr aus dem All** Beim Kampf gegen ein Monster von einem fernen Stern hilft ein Wunderheiler.
d	17.00	**Biathlon Damen, Skispringen** Live-Sendung	i	24.00	**Gespräch um Mitternacht** Jens Weinberger spricht mit interessanten Gästen.

2 Der Computer. Ordnen Sie zu.

1. der Computer – 2. der Bildschirm/Monitor –
3. die Maus – 4. die Tastatur –
5. das CD-ROM-Laufwerk – 6. der Drucker –
7. der Scanner – 8. das Kabel –
9. der Lautsprecher

3 Welches Wort passt nicht? Streichen Sie es durch.

1. eine Datei: öffnen – speichern – drucken – ausschalten
2. eine CD: kaufen – umtauschen – verbinden – hören
3. eine SMS: schreiben – beantworten – senden – surfen
4. den Computer: anmachen – arbeiten – abschalten – reparieren

4 Wie schreiben Sie einen Text am Computer? Ordnen Sie und schreiben Sie Sätze.

Computer einschalten – Text drucken – Datei schließen – Text schreiben – neue Datei öffnen – Datei speichern – Computer ausschalten

Zuerst schalte ich den Computer ein. Dann ...

2 Wortschatztraining

Mediennutzung

5 Was kann man im Internet machen? Ordnen Sie zu und schreiben Sie Sätze.

Preise – Informationen – Waren – Leute – Radio – Deutsch – mit anderen Leuten

lernen – kaufen – chatten – vergleichen – bestellen – bekommen – hören – kennen lernen

Beispiel: *Im Internet kann man mit anderen Leuten chatten.*

6 Meinungen. Ergänzen Sie die richtigen Wörter.

gefällt – Meinung – finde – Vorteile – weiß

- Ich habe ein Problem. Laura und Jens sitzen den ganzen Tag vor dem Fernseher. Ich _____ (1) das gar nicht gut. Ich _____ (2) nicht, sollen wir unseren Fernseher verkaufen?
- Meiner _____ (3) nach hat Fernsehen viele _____ (4). Es gibt viele interessante Sendungen. Man muss nur auswählen und sich Zeit nehmen, mit den Kindern gemeinsam fernzusehen.
- Aber wir arbeiten den ganzen Tag.
- Die beiden können nachmittags zu uns kommen. Tobias _____ (5) es, wenn andere Kinder da sind.

7 Wer nutzt welches Medium? Ordnen Sie zu.

Radio – informiert – Tageszeitung – Buch – Internet – Zeitschriften – Sendungen – fern

- Ich höre gerne gute Musiksendungen und Nachrichten im _____ (1). Dort finde ich immer interessante _____ (2) und aktuelle Informationen.
- Ich lese morgens auf dem Weg zur Arbeit die _____ (3), abends lese ich gern mal ein _____ (4).
- Also ich lese auch sehr gerne, sehe aber nicht so gerne _____ (5). Ich bin trotzdem gut _____ (6), weil ich gute _____ (7) lese.
- Ja, aber ich suche auch häufig Informationen im _____ (8) und tausche mich mit anderen Nutzern online aus.

Mobilität

1 Verkehrsmittel. Ergänzen Sie die Wörter mit Artikel.

1. _das_ Au_t_o
2. ___ Fa__r_d
3. ___ Stra__nb__n
4. ___ U-___n
5. ___ Fl__z__g
6. ___ S___ff
7. ___ Fä_r_
8. ___ Motor__d
9. ___ Z_g

2 Lösen Sie das Wörterrätsel zum Thema Mobilität. Wie heißt das Lösungswort?

1. Ich hätte gern eine … nach München.
2. Hin und …, bitte.
3. Das Gegenteil von Ankunft
4. Der Zug kommt erst in einer halben Stunde. Er hat schon wieder …
5. Der Zug fährt von … 5 ab.
6. Zahlen Sie mit Karte oder …?
7. Ist die Verbindung direkt oder muss ich …?
8. Ein anderes Wort für Koffer, Taschen usw.
9. Ein anderes Wort für Station
10. Wo ist die Tankstelle? Wir haben kein … mehr.
11. Sie dürfen nur geradeaus fahren. Sie dürfen nicht …
12. Schiffe kommen im … an

Lösung: _____

2 Wortschatztraining

Mobilität

3 Verkehrsbedingungen. Ergänzen Sie.

Verkehrsmittel – Ampel – Einbahnstraße – Parkuhr – Stau – Fußgängerzone – Geschwindigkeitsbeschränkung – Umleitung

1. In diesem Wohngebiet gilt eine _____ von 30 km/h.
2. Siehst du nicht die _____? Sie steht auf Rot.
3. In der _____ dürfen keine Autos fahren.
4. Die Kaiserstraße ist eine _____. Sie dürfen nur in eine Richtung fahren.
5. Haben Sie Kleingeld für die _____?
6. Es gibt wenige Parkplätze. Nehmen Sie doch die öffentlichen _____.
7. Auf dieser Autobahn gibt es einen _____. Nehmen Sie die _____.

4 Lesen Sie die Verkehrsmeldungen. Was ist richtig? Markieren Sie.

Zwischen den Straßen Alexanderschanze und Fritzschestraße ist die Bundesstraße B 500 in beiden Richtungen wegen Bauarbeiten gesperrt. Die Umleitung ist gut ausgeschildert und führt über die B 203. Größere Verkehrsbehinderungen werden nicht erwartet.

Auf der Bundesstraße B 104 zwischen Rampe und Cambs ist der rechte Fahrstreifen wegen eines schweren Verkehrsunfalls blockiert. Geschätzte Dauer der Behinderung: vier Stunden. Es besteht Staugefahr. Fahren Sie bitte langsam.

	richtig	falsch
1. Auf der B 500 gibt es eine Baustelle.	☐	☐
2. Auf der B 104 ist seit vier Stunden Stau.	☐	☐

5 Welche Anzeige passt? Ordnen Sie zu.

1. Sie möchten Urlaub in den Bergen machen. _____
2. Sie planen Ihren Familienurlaub. Die Kinder schwimmen gern und lieben Tiere. _____
3. Sie möchten Badeurlaub machen. _____

a HOTEL LÜNEBURGER HEIDE
großes Schwimmbad, viele attraktive Freizeitangebote, Pony-Reiterhof für Groß und Klein
Tel: 0162 209 05 03

b Familienferien auf dem **Schwarzwälder Hof**
- Bauernhof in einem schönen Ski- und Wandergebiet
- Ferienwohnungen - Appartements

www.schwarzwald.beispiel.de

c **Es muss nicht immer Urlaub am Meer sein!**
Auch an den schönen Seen Brandenburgs werden Sie sich wohl fühlen.
Informationen:
www.brandenburg.beispiel.de

Wortschatztraining
Gesundheit

Gesundheit

1 Suchen Sie zwölf Körperteile und notieren Sie sie mit Artikel. Ergänzen Sie dann die Pluralformen.

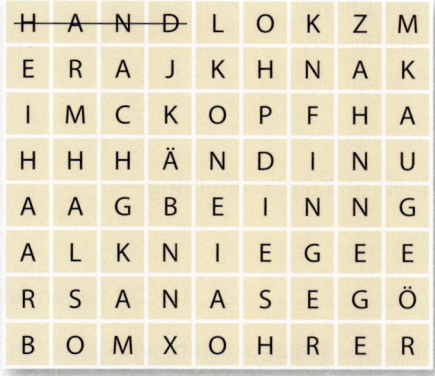

die Hand, die Hände _____, _____

_____, _____ _____, _____

_____, _____ _____, _____

_____, _____ _____, _____

_____, _____ _____, _____

_____, _____ _____, _____

2 Welche Körperteile passen zu den Verben? Notieren Sie sie mit Artikel.

1. hören _____
2. lesen _____
3. schreiben _____
4. sprechen _____
5. essen _____
6. laufen _____
7. riechen _____
8. schwimmen _____

3 Wie heißen die Gegenteile? Notieren Sie.

1. wach _____
2. nervös _____
3. krank _____
4. weinen _____
5. aufwachen _____
6. frieren _____
7. hungrig _____
8. Stress _____
9. sich schlecht fühlen _____
10. stark _____

2 Wortschatztraining

Gesundheit

4 Welches Wort passt nicht? Streichen Sie durch.

1. die Drogerie – die Sprechstunde – die Praxis – der Termin
2. die Erkältung – das Rezept – der Schnupfen – der Husten
3. die Grippe – das Fieber – die Operation – die Temperatur
4. das Krankenhaus – die Besuchszeit – die Klinik – das Pflaster
5. die Tablette – das Verbandszeug – die Tropfen – die Pille

5 Gesundheit in Deutschland. Ergänzen Sie.

> Überweisung – Gesundheitskarte – Rezept – Apotheke – Krankschreibung – Sprechstunde – Krankenkasse

Für einen Besuch beim Arzt brauchen Sie Ihre _____ (1). Oft haben Ärzte mittwochs keine _____ (2). Dann ist die Praxis geschlossen. Wenn Sie krank sind, bekommen Sie vom Arzt eine _____ (3). Das Original schicken Sie an Ihre _____ (4), die Kopie bekommt Ihr Arbeitgeber. Der Hausarzt schreibt eine _____ (5) für den Facharzt. Für viele Medikamente brauchen Sie ein _____ (6) vom Arzt. Damit gehen Sie in die _____ (7).

6 Ihr Kind ist krank. Sie schreiben an die Lehrerin. Was ist richtig? Markieren Sie.

> Sehr geehrte Frau Schmidt,
>
> unsere Tochter Anja ist ....1.... krank und kann deshalb diese Woche nicht in die Schule kommen. Sie hat Grippe und erhöhte ....2..... Der ....3.... hat gesagt, dass sie frühestens nächste Woche wieder in die Schule kommen kann. Ich bitte, das ....4.... von Anja zu entschuldigen.
>
> Mit freundlichen Grüßen

1. a schade
   b leider
   c morgen

2. a Krankheit
   b Wärme
   c Temperatur

3. a Krankenkasse
   b Kinderarzt
   c Versicherung

4. a Krankheit
   b Fehlen
   c Hausaufgaben

Aus- und Weiterbildung

1 Wörter rund um die Ausbildung. Ergänzen Sie die Vokale.

1. der Schul__a__bschl__u__ss
2. die Pr__ü__f__u__ng
3. die L__e__hr__e__
4. das Z__eu__gn__i__s
5. das Pr__a__kt__i__k__u__m
6. die __U__n__i__v__e__rs__i__t__ä__t
7. das S__e__m__e__st__e__r
8. die B__e__r__u__fsschul__e__

2 Berufswünsche. Was passt? Ergänzen Sie.

1. Seit zwei Jahren arbeite ich bei einem privaten Pflegedienst als Helferin. Ich habe aber keine _____ . (Arbeit/Ausbildung)

2. Mein Ziel ist: Ich möchte gerne Krankenpflegerin _____. (werden/arbeiten)

3. Vielleicht kann ich dann auch eine _____ (Weiterbildung/Arbeitsplatz) zur Kinderkrankenschwester machen.

4. Ich denke, ich werde das schnell lernen, weil ich schon _____ (Bewerbung/Erfahrungen) in der Krankenpflege habe.

3 Gespräch mit einem Berufsberater. Ordnen Sie den Dialog.

Berufsberater:

- Das ist ja schon eine lange Zeit. Haben Sie Zeugnisse und andere Unterlagen dabei? _____
- Guten Tag. Kann ich Ihnen helfen? _1_
- Haben Sie in diesem Bereich schon Berufserfahrung? _____
- An welchen Bereich haben Sie gedacht? _____

Frau Wierzbowska:

- Ja, in Polen habe ich bereits 5 Jahre als Kellnerin gearbeitet. _____
- Ja, gerne. Ich suche eine Stelle. _____
- An die Gastronomie. Auch eine Arbeit im Hotel würde mir Spaß machen. _____
- Leider nur im Original. Sie müssen noch übersetzt werden. _____

Wortschatztraining

Aus- und Weiterbildung

4 Welches Wort passt zu welcher Erklärung? Ordnen Sie zu.

1. Ein anderes Wort für Arbeit
2. Sie arbeiten schon lange in einem Beruf
3. Sie wollen in Ihrem Beruf noch besser werden. Sie machen eine
4. Sie finden in Ihrem alten Beruf keine Arbeit mehr. Sie machen eine
5. Fortbildungen, die acht Stunden am Tag dauern:
6. Fortbildungen, die vier Stunden am Tag dauern:
7. Sie haben eine eigene Firma gegründet. Sie sind jetzt
8. Sie müssen Ihre Ausbildung leider noch einmal machen. Sie wird in Deutschland nicht

a Fortbildung
b selbstständig
c Tätigkeit
d anerkannt
e Berufserfahrung
f Umschulung
g Teilzeitkurse
h Vollzeitkurse

5 Wie geht es beruflich weiter? Lesen Sie den Text und die Fragen. Was ist richtig?

Vorteile von KURSNET

Startseite

KURSNET – DIE ONLINE-DATENBANK DER BUNDESAGENTUR FÜR ARBEIT

Suchen Sie eine Ausbildung oder eine Weiterbildung? Dann kann Ihnen KURSNET, die Online-Datenbank der Bundesagentur für Arbeit, helfen.

Auf KURSNET finden Sie Angebote von über 1.500.000 Bildungsanbietern. Hier ist bestimmt auch etwas für Sie dabei. Die meisten dieser Angebote können auch von der Bundesagentur für Arbeit gefördert werden.

Geben Sie einfach Ihren gewünschten Ausbildungsberuf ein, oder wenn Sie schon einen Beruf gelernt haben, Ihren gelernten Beruf, und den Ort, an dem Sie sich aus- oder weiterbilden lassen möchten und Sie erhalten eine Liste mit Vorschlägen, die zu Ihrem Wunsch passen.

Auf KURSNET finden Sie auch Informationen zur sprachlichen Weiterbildung. Wenn Sie Ihr Deutsch verbessern möchten oder einen Deutschkurs für den Beruf suchen, finden Sie auf KURSNET eine Liste der Kursanbieter an Ihrem Ort.

---

1. KURSNET bietet viele Informationen zur Schulausbildung. ☐ richtig ☐ falsch

2. Auf KURSNET kann man
   a Informationen finden, wenn man schon gute Deutschkenntnisse hat.
   b sich informieren, wenn man sich beruflich verändern möchte.
   c nur dann Hilfe bekommen, wenn man von der Arbeitsagentur gefördert wird.

Wortschatztraining

Betreuung und Ausbildung der Kinder

Betreuung und Ausbildung der Kinder

1 Zehn Nomen zum Thema Schule. Ergänzen Sie die Vokale und die Artikel.

1. ____ G_mn_s__m
2. ____ Sch_l_bschl_ss
3. ____ _b_t_r
4. ____ Z__gn_s
5. ____ R___lsch__le
6. ____ _nt_rr_cht
7. ____ L___bl_ngsf_ch
8. ____ H__s___fg_b__n
9. ____ L_hr_r_n
10. ____ N_t_

2 In diesem Silbenrätsel sind acht Schulfächer versteckt. Notieren Sie sie.

Bio – Che – Eng – Erd – Ge – Ma – Mu – Phy – de – gie – kun – lisch – lo – ma – mie – schich – sik – sik – te – the – tik

1. _Biologie_
2. _____
3. _____
4. _____
5. _____
6. _____
7. _____
8. _____

3 Welche Schulsachen sind hier versteckt? Notieren Sie die Nomen mit Artikel.

1. siBeilttf _der Bleistift_
2. Odrern _____
3. lefTa _____
4. tfHe _____
5. Mrkera _____
6. Schmamw _____
7. erelKugschrieb _____
8. uckRcsak _____
9. Raummigdier _____
10. hcBu _____

4 Welche Verben passen? Kreuzen Sie an.

	machen	teilnehmen	beenden	bekommen	besuchen	mitbringen
die Schule			X		X	
eine Ausbildung						
eine Lehre						
eine Prüfung						
ein Zeugnis						
an einem Kurs						
einen Abschluss						

2 Wortschatztraining

Betreuung und Ausbildung der Kinder

5 Kinder – Eltern – Schule. Welche Wörter passen? Ergänzen Sie.

Tagesmutter – Nachhilfe – Kindergarten – Elternbeirat – Spielplatz – Elternabend

1. Eine Einrichtung für kleine Kinder ist der _____.
2. Eine _____ betreut drei bis vier Kinder. Sie wird dafür von den Eltern bezahlt.
3. Kinder spielen oft auf einem _____.
4. Paolo hat Probleme in Mathematik. Er bekommt jetzt _____.
5. Am Montag ist in der Schule meiner Kinder _____.
6. Ich bin Mitglied im _____. Die Arbeit ist sinnvoll. Wenn es Probleme in der Schule gibt, können wir sofort mit dem Direktor sprechen.

6 Welche Wörter passen? Ergänzen Sie den Text.

Universität – Ausbildung – Berufsschule – Ganztagsschulen – Gesamtschulen – Grundschule – Gymnasium

In Deutschland kommen die Kinder mit sechs Jahren in die _____ (1).
Diese Schule muss jedes Kind besuchen.
Nach dem vierten Schuljahr, in manchen Bundesländern nach dem fünften oder sechsten, können sie an verschiedene Schulen wechseln: die Hauptschule, die Realschule oder das _____ (2).
Es gibt auch _____ (3). Hier bleiben die Schüler von der ersten Klasse mindestens bis zur zehnten Klasse zusammen.
Es gibt nicht viele _____ (4), die Betreuung auch am Nachmittag anbieten.
Die Schüler haben meistens nur vormittags Unterricht.
Nach der 9. oder 10. Klasse kann man sich eine Lehrstelle suchen. Man macht dann eine _____ (5) im Betrieb und besucht an ein bis zwei Tagen pro Woche die _____ (6).
Wenn man zur _____ (7) gehen möchte, braucht man das Abitur.

Wortschatztraining

Einkaufen

1 Suchen Sie zwölf Haushaltsartikel und notieren Sie sie mit Artikel.

~~Be~~ – Bü – Ge – Ham – Kaf – Kühl – Na – Pfan – Sche – Schüs – Staub – Tee – Werk – ei – fee – gel – gel – ger – kan – ma – mer – ne – ne – ne – re – schi – schirr – schrank – sel – sau – sen – ~~steck~~ – zeug

das Besteck, _____

_____

_____

2 Was kaufen Sie wo? Machen Sie zu den folgenden Themen jeweils ein Wörternetz.

auf dem Markt – in der Bäckerei – in der Metzgerei – in der Apotheke – im Kiosk – im Internet – aus dem Katalog

Beispiel:

3 Was ist richtig? Kreuzen Sie an.

1. Die Hose gefällt mir nicht. Kann ich sie …
   a verändern?
   b umtauschen?
   c wechseln?

2. Sie waren hinter mir! Ich bin an der …
   a Folge.
   b Reihe.
   c Richtung.

3. ● Die Kaffeemaschine funktioniert nicht.
   ▶ Haben Sie … dabei?
   a den Kassenzettel
   b den Umtausch
   c das Wechselgeld

4. Diese CD können Sie mitnehmen, Sie ist …
   a kostenlos.
   b ausverkauft.
   c bestellt.

5. Die Umkleidekabine ist dort. Da können Sie das Hemd …
   a versuchen.
   b passen.
   c anprobieren.

6. Hier ist Ihr Staubsauger. Er hat drei Jahre …
   a Garantie.
   b Quittung.
   c Umtausch.

2 Wortschatztraining

Einkaufen

4 Welches Wort passt nicht? Streichen Sie es durch.

Markt: Gemüse – Kredit – Obst – Gewürze – Stoffe
Einkauf: Angebot – Preis – Ware – ausgehen – bezahlen
Fußgängerzone: Kaufhaus – Autohaus – Laden – Markt – Bäckerei
Bezahlen: Bargeld – Ratenzahlung – Transport – ec-Karte – Quittung

5 Eine Rechnung. Ergänzen Sie.

Gesamtbetrag – Angabe – MwSt (Mehrwertsteuer) – Überweisung – fällig – geliefert

Rechnungsnummer 20133/20

Heute wurden _____:

	Preis netto
1 PC 4050 MiniTower	422,44 €
1 Monitor LCD Greenline 4211 1280x1024	140,22 €
Zwischensumme	562,66 €
19 % _____	106,91 €
_____	669,57 €

Rechnungsbetrag _____ am 15.12.2020

Ich bitte um _____ auf folgendes Konto: Computer & Co,

IBAN: DE07 5001 0060 8345 6730 01 unter _____ der Rechnungsnummer.

Vielen Dank.

6 Geschäftsverkehr. Weitere wichtige Wörter. Ergänzen Sie.

1. Wenn man eine Rechnung nicht bezahlt, bekommt man eine M_____.

2. Sie haben eine Zeitung abonniert und möchten sie nicht mehr haben. Sie schreiben eine K_____.

3. Sie bitten den Empfänger auch um eine schriftliche Best_____, damit Sie beweisen können, dass er Ihren Brief bekommen hat.

4. Möchten Sie bar bezahlen oder per Über_____?

5. Sie können auch erst bei Lie_____ bezahlen.

Wortschatztraining

Essen und Trinken

Essen und Trinken

1 Ordnen Sie die Lebensmittel zu. Ergänzen Sie weitere Lebensmittel, die Sie kennen.

> Kartoffeln – Schinken – Bananen – Salami – Bier – Butter – Käse – Äpfel – Apfelsaft –
> Kuchen – Knoblauch – Salz – Zwiebeln – Wein – Eis – Birnen – Brötchen – Geflügel –
> Apfelsinen – Milch – Zitronen – Karotten – Tomaten – Sahne – Hähnchen –
> Rindersteak – Pfeffer – Brot – Schokolade – Mineralwasser – Pudding – Melonen

Milchprodukte: _____

Obst: _____

Gemüse: _____

Gewürze: _____

Wurst und Fleischprodukte: _____

Backwaren: _____

Süßigkeiten: _____

Getränke: _____

2 Bilden Sie Komposita.

Beispiel:  die Speise + die Karte = die Speisekarte

1. _____

3. _____

5. _____

2. _____

4. _____

6. _____

3 Lebensmittel und Mengenangaben. Was passt? Kreuzen Sie an.

	ein Glas	eine Flasche	ein Stück	eine Tafel	eine Dose	ein Kasten	ein Päckchen
Milch	X	X				X	
Butter							
Schokolade							
Wasser							
Zucker							

2 Wortschatztraining

Essen und Trinken

4 Welche Lebensmittel sind süß, sauer, fett, scharf? Notieren Sie.

süß: _____

sauer: _____

fett: _____

scharf: _____

5 Im Restaurant. Ergänzen Sie die fehlenden Wörter.

1. ● Entschuldigung, ich habe einen Salat _____, kein Schnitzel.
   ▶ Oh, das tut mir leid, ich bringe Ihnen gleich den Salat.

2. ● Hat es Ihnen geschmeckt?
   ▶ Ja danke, nur der Braten war zu _____.
   ● Das nächste Mal empfehle ich Ihnen Rindersteak. Das ist sehr mager.

3. ● Ich hätte gern ein Wiener Schnitzel.
   ▶ Und als _____? Pommes oder Bratkartoffeln?

4. ● Wir möchten kein Fleisch. Haben Sie auch _____ Gerichte?
   ▶ Natürlich. Zum Beispiel Gemüsepfanne oder einige Nudelgerichte.

5. ● Ich hätte gern die Tagessuppe und dann die Fischplatte.
   ▶ Möchten Sie auch einen _____?
   ● Ja, haben Sie Erdbeereis?

6 Hinweise auf Lebensmitteln. Was passt? Ordnen Sie zu.

1. Recyclingflasche ohne Pfand _b_
2. 500g Hackfleisch nach dem Öffnen sofort verbrauchen ___
3. Pfandflasche für die Umwelt/MEHRWEG ___
4. Natives Olivenöl Extra, Haltbarkeitsdatum 01.10.21 ___
5. Joghurt mild. Bei +6°C bis +8°C mindestens haltbar bis 01.05.21 ___

a Diese Flasche können Sie im Supermarkt/Getränkemarkt zurückgeben. Sie bekommen Geld zurück.
b Diese Flasche werfen Sie in den Glascontainer. Sie bekommen kein Geld zurück.
c Dieses Produkt können Sie bis zum 1.5.2021 verwenden, wenn Sie es in den Kühlschrank tun.
d Dieses Produkt sollten Sie schnell verbrauchen.
e Dieses Produkt sollten Sie vor dem 1. Oktober 2021 verbrauchen.

Wortschatztraining

Ämter und Behörden

1 Zu welchen Behörden gehen Sie? Ordnen Sie zu.

1. Ich suche Arbeit, und melde mich bei der
2. Hier gebe ich meine Steuerklärung ab.
3. Hilfe für die Miete bekomme ich beim
4. Wenn ich heiraten möchte, gehe ich zum
5. Ich möchte Kindergeld beantragen. Ich gehe zur
6. Ich möchte mein Auto anmelden. Ich gehe zur
7. Hier können Sie Sozialhilfe beantragen.
8. Ich habe meine Tasche verloren. Ich gehe zum
9. Ich bin umgezogen. Ich möchte meine Adresse ändern lassen und gehe zum

a Wohnungsamt
b Agentur für Arbeit
c Fundbüro
d Sozialamt
e Kfz-Zulassungsstelle
f Bürgeramt/Bürgerbüro (Meldestelle)
g Familienkasse
h Standesamt
i Finanzamt

2 Was passt? Kreuzen Sie an.

	ausfüllen	abgeben	beantragen	stellen	verlängern lassen
das Kindergeld			X		
die Steuererklärung					
ein Formular					
einen Ausweis					
einen Antrag					

3 Bei Behörden. Ergänzen Sie die richtigen Wörter. Nicht alle Wörter passen.

zuständig – bereit – befristet – unbefristet – Frist – Bescheid – Monat – eintragen – beantragen – ablehnen – abgeben.

1. Guten Tag. Ich möchte Kindergeld beantragen.

   Tut mir Leid. Ich bin nicht _____ (1). Gehen Sie bitte in Zimmer 303.

2. Hier ist Ihr Formular. Es fehlen noch die Angaben zur Schule Ihrer Tochter. Die müssen Sie hier

   _____ (2). Wenn Sie für das vergangene Jahr noch Kindergeld bekommen

   möchten, denken Sie unbedingt an die _____ (3). Der 31.12. ist der letzte Tag.

3. Hier ist ihre Niederlassungserlaubnis. Sie brauchen sie nicht verlängern zu lassen, sie ist

   _____ (4).

4. Es tut mit Leid. Wir mussten Ihren Antrag leider _____ (5). Für Wohngeld

   verdienen Sie zu viel. Den _____ (6) erhalten Sie in einer Woche.

2 Wortschatztraining
Ämter und Behörden

4 Polizei, Opfer und Täter – Wer macht was? Manchmal gibt es mehrere Lösungen.

sich verstecken – jemanden festnehmen – den Täter anzeigen – jemanden verhaften – schuld sein – Spuren suchen – die Polizei rufen – einbrechen – Zeugen suchen

Polizei	Opfer	Täter
_____	_____	_sich verstecken_
_____	_____	_____
_____	_____	_____

5 Vor Gericht. Ergänzen Sie den Text.

Urteil – Gerichtsverhandlung – Rechtsanwalt – Zeugen – schuld – beweisen

Herr Abdelnabi hatte letzten Monat einen Unfall. Er war aber nicht _____ (1).

Das kann er _____ (2). Er hat einen _____ (3), der für ihn

aussagen wird. Morgen ist die _____ (4). Er hat keine Angst vor dem

_____ (5), denn er hat einen guten _____ (6).

6 Widerspruch gegen einen Bescheid. Was ist richtig? Kreuzen Sie an.

> Stadtverwaltung
> Zentrale Bußgeldbehörde
> 04193 Leipzig
>
> Leipzig, den 5.10.2020
>
> Sehr geehrte Damen und Herren,
>
> am heutigen Tag habe ich von Ihnen einen Bußgeldbescheid wegen Parken ohne Parkschein ...1.... Gegen diesen Bescheid lege ich Widerspruch ein.
>
> ...2....: Die Parkautomaten am Kaiserplatz waren an diesem Tag kaputt. Ich habe verschiedene Automaten ausprobiert, allerdings ohne ...3.... Zum ...4.... kann ich Ihnen – falls erforderlich – gerne zwei Zeugen benennen.
>
> Ich hoffe, dass diese Angelegenheit hiermit ...5.... ist und verbleibe
>
> mit freundlichen Grüßen
> Ahmed Usta

1. a geschrieben
   b erhalten
   c gemacht

2. a Begründung
   b Bestätigung
   c Behandlung

3. a Ereignis
   b Erfolg
   c Erlaubnis

4. a Bereich
   b Beispiel
   c Beweis

5. a erledigt
   b gemacht
   c gefunden

Wortschatztraining

Banken, Post und Versicherungen

Banken, Post und Versicherungen

1 Was kann man mit Geld alles machen? Welche Verben passen? Markieren Sie.

- [ ] ausgeben
- [ ] abheben
- [ ] sparen
- [ ] anmelden
- [ ] einzahlen
- [ ] abnehmen
- [ ] überweisen

2 Bei der Bank. Ergänzen Sie die Sätze mit Wörtern aus dem Kasten.

Zinsen – Kredit – ec-Karte – Geldautomaten – Konto – IBAN

1. Mit der _____ kann man Geld am _____ abheben.
2. Ich habe bei der Bank ein _____.
3. Wenn man auf ein anderes Konto Geld überweisen will, braucht man die internationale Bankkontonummer, und die _____.
4. Herr Hosseini finanziert sein neues Auto mit einem _____.
5. Frau Kim hat viel gespart. Für dieses Geld bekommt sie jedes Jahr drei Prozent _____.

3 Lösen Sie das Wörterrätsel zum Thema Banken und Geld. Wie heißt das Lösungswort?

1. Ein anderes Wort für Papiergeld (Plural)
2. Auf diesem Papier sehen Sie, wie viel Geld auf Ihrem Konto ist.
3. Man zahlt nicht alles auf einmal, sondern monatlich. Man zahlt in …
4. Ein anderes Wort für die PIN-Nummer, die Sie am Geldautomat brauchen
5. Ich habe kein …, kann ich mit EC-Karte bezahlen?
6. Was ist die Abkürzung für die internationale Bankkontonummer?
7. Geld aus Metall (Plural)
8. Geld nicht ausgeben, sondern zur Bank bringen

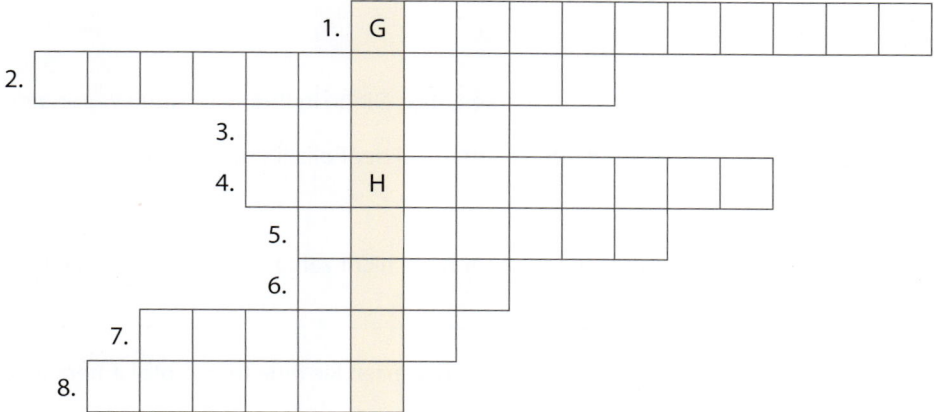

Lösungswort: Ein anderes Wort für das Geld auf Ihrem Konto. _____

Wortschatztraining

Banken, Post und Versicherungen

4 Auf der Post. Ergänzen Sie die Wörter aus dem Kasten. Nicht alle Wörter passen.

> Antrag – Briefkasten – Briefträger – Absender – Nachricht – Porto – Schalter – Verbindung – Paket – Einschreiben – Empfänger

1. Kannst du den Brief für mich in den _____ werfen? Ich habe keine Zeit.
2. Die Person, die einen Brief oder ein Paket abschickt, ist der _____.
3. Wie viel kostet das _____ für einen Brief nach Thailand?
4. Der _____ bist du, das heißt, das Päckchen ist für dich.
5. Wenn Sie einen Brief als _____ verschicken, wird der Empfang durch eine Unterschrift bestätigt.
6. Hier ist der Anrufbeantworter der Familie Gerhard. Bitte hinterlassen Sie eine _____ auf dem Band, wir rufen Sie dann zurück.

5 Versicherungen. Lesen Sie die Informationen. Ergänzen Sie dann die Sätze 1–3. Welche Versicherung ist richtig?

> ## Wichtige Versicherungen
> - Arztbesuche und Medikamente sind teuer. Die **Krankenversicherung** zahlt den größten Teil der Kosten.
> - Wenn Sie mit Ihrem Auto einen Schaden verursachen, müssen Sie das bei der **KfZ-Haftpflichtversicherung** melden.
> - Mit einer **Hausratversicherung** versichern Sie sich gegen Schaden in ihrer Wohnung (Feuer, Einbruch, usw.).
> - Wenn Sie Anwaltskosten nicht selbst bezahlen wollen, hilft die **Rechtschutzversicherung**.
> - Stellen Sie sich vor, Sie machen etwas kaputt, was Ihnen nicht gehört. Diesen Schaden können Sie bei der privaten **Haftpflichtversicherung** melden.

1. Sie kommen aus dem Urlaub zurück und merken, dass Diebe in Ihrer Wohnung waren und Sachen gestohlen haben. Sie melden den Schaden bei der Polizei und bei der _____.
2. Nach zwei Monaten will die Versicherung immer noch nicht zahlen. Sie beschließen vor Gericht zu gehen. Hier hilft die _____.
3. Das alles macht Sie sehr nervös. Ohne es zu wollen, werfen Sie eine teure Fotokamera eines Bekannten bei sich zu Hause auf den Boden. Die Kamera ist kaputt. Diesen Schaden melden Sie bei der _____.

Wetter und Umwelt

1 Wetterwörter. Schreiben Sie die Wörter neben die Symbole.

die _Sonne_   der _____
es ist sonnig   es regnet

der _____   die _____
es schneit   es ist bewölkt

der _____   das _____
es ist neblig   es blitzt und donnert

2 Wetterberichte verstehen. Ergänzen Sie.

nass – trocken – stark – milder – kühl – kalt – glatt – heiß

1. Die weiteren Aussichten: Auch am Wochenende kein Regen. Es bleibt _____.

2. Am Wochenende wird es richtig _____. Die Höchsttemperaturen liegen bei −5 Grad.

3. Vorsicht Autofahrer: Wegen Eis und gefrorener Nässe sind die Straßen _____.

4. Heute war es noch etwas _____ und regnerisch, aber morgen steigen die Temperaturen in ganz Deutschland auf 25 Grad. Am Wochenende wird es richtig _____, über 30 Grad.

5. Nach den Regenfällen der letzten Nacht sind die Straßen im Sendegebiet sehr _____. Fahren Sie vorsichtig.

6. Nach dem strengen Frost der letzten Nacht wird es heute etwas _____; die Temperaturen erreichen 0 Grad.

7. Und hier eine Wetterwarnung: Vorsicht vor Stürmen und _____en Winden.

3 Natur und Umwelt. Welches Wort passt nicht in die Zeile? Streichen Sie es durch.

1. der Wald – die Wiese – der Lärm – die Natur – die Blume
2. der Müll – der Wind – der Abfall – die Dose – das Altpapier
3. der Fluss – das Meer – der Berg – das Wasser – der See
4. das Gift – die Abgase – die schlechte Luft – die Verschmutzung – die Sonnenenergie
5. den Müll recyceln – trennen – steigen – sortieren
6. Energie sparen – verbrauchen – benutzen – sammeln

2 Wortschatztraining

Sprachenlernen

Sprachenlernen

1 Was bedeutet ungefähr dasselbe? Ordnen Sie zu.

1. trainieren
2. etwas wiederholen
3. etwas behalten
4. abschreiben
5. aufschreiben
6. anwenden
7. sich konzentrieren

a notieren
b kopieren
c benutzen
d etwas nicht vergessen
e die Aufmerksamkeit auf etwas richten
f üben
g etwas noch einmal machen

2 Was passt?

	beantworten	schreiben	stellen	nachsprechen	antworten	nachdenken
Sätze		X		X		
Fragen						
auf eine Frage						
Wörter						
über das eigene Lernen						

3 Was ist richtig? Markieren Sie.

a ● Ich verstehe nicht, was das Wort ...1.... Kannst du mir das ...2....?
   ▶ Ich habe es mal gewusst. Aber ich kann mich im Moment auch nicht ...3....
   ● Hast du das Wörterbuch dabei? Dann können wir es ...4....

b ● Verstehst du Roxanna auch so schlecht?
   ▶ Ja, sie hat einen starken ...5....
   ● Und sie wird immer böse, wenn man sie ...6....
   ▶ Sie müsste die schwierigen Wörter einfach immer wieder ...7....
   ● Vielleicht sollte sie den Kurs „Aussprachetraining" ...8....

1. a bedeutet
   b meint
   c heißt
   ☐ ☐ ☐
   a b c

2. a erklären
   b unterrichten
   c informieren
   ☐ ☐ ☐
   a b c

3. a erinnern
   b einfallen
   c merken
   ☐ ☐ ☐
   a b c

4. a nachdenken
   b nachschlagen
   c zusammenfassen
   ☐ ☐ ☐
   a b c

5. a Akzent
   b Aussprache
   c Sprache
   ☐ ☐ ☐
   a b c

6. a aufpasst
   b konzentriert
   c korrigiert
   ☐ ☐ ☐
   a b c

7. a lösen
   b nachsprechen
   c zusammenfassen
   ☐ ☐ ☐
   a b c

8. a anmelden
   b besuchen
   c gehen
   ☐ ☐ ☐
   a b c

Ablauf der Prüfung

Prüfungsablauf

Zum Ablauf der Prüfung

Schriftliche Prüfung

Die schriftliche Prüfung dauert 100 Minuten. Sie besteht aus den Testteilen **Hören**, **Lesen** und **Schreiben**.

Bewertung
Die Teile **Hören** und **Lesen** bestehen aus insgesamt 45 Aufgaben. Jede Aufgabe bringt einen Punkt. Sie können also maximal 45 Punkte für diese beiden Teile bekommen.
Für das Ergebnis A2 müssen Sie zwischen 20 und 32 Punkte erreichen.
Für das Ergebnis B1 müssen Sie zwischen 33 und 45 Punkte erreichen.

Der Teil **Schreiben** wird von Bewerter/innen nach bestimmten Kriterien bewertet.

Arbeitsmittel
Vor Beginn der Prüfung erhalten Sie die Antwortbögen. Sie brauchen einen blauen oder schwarzen Kugelschreiber. Mit diesem markieren Sie die Lösungen auf dem Antwortbogen. Dazu markieren Sie das richtige Feld so:

Zum Korrigieren füllen Sie das falsch markierte Feld so aus: ■ und markieren dann das richtige Feld so: ⊠

Nach jedem Prüfungsteil wird der dazu gehörende Antwortbogen eingesammelt.

Keine Hilfsmittel
Sie dürfen keine Wörterbücher oder anderen Hilfsmittel benutzen. Ihr Handy muss ausgeschaltet sein.

Mündliche Prüfung

Die mündliche Prüfung ist in der Regel eine Paarprüfung, Sie werden zu zweit geprüft.
Es gibt zwei Prüfer oder Prüferinnen. In Teil 1 und Teil 2 sprechen Sie mit einem Prüfer oder einer Prüferin, in Teil 3 sprechen sie mit Ihrem Prüfungspartner oder Ihrer Prüfungspartnerin.

Die mündliche Prüfung dauert insgesamt ca. 16 Minuten.

Bewertung

Der Teil **Sprechen** wird von den Prüferinnen oder Prüfern bewertet, die die Prüfung durchführen.

Für das Gesamtergebnis A2 müssen **Sprechen** und ein anderer Prüfungsteil mit A2 bewertet werden.
Für das Gesamtergebnis B1 müssen **Sprechen** und ein anderer Prüfungsteil mit B1 bewertet werden.

Zur Vorbereitung auf die Prüfung finden Sie im Folgenden drei weitere Modelltests. Machen Sie die Tests unter Prüfungsbedingungen und achten Sie auf die Zeit.

Sie finden im Buch einen Antwortbogen zum Üben, den Sie kopieren können. Den Original-Antwortbogen finden Sie im Internet. Die Seite „Wegweiser" im Buch zeigt Ihnen den Weg.

Modelltest 2

25 Minuten Hören

Hören Teil 1

 Sie hören vier Ansagen. Zu jeder Ansage gibt es eine Aufgabe. Welche Lösung (a, b oder c) passt am besten?
Markieren Sie Ihre Lösungen für die Aufgaben 1–4 auf dem Antwortbogen.

Beispiel:

Was soll Herr Yildirim tun?

a Zur Behandlung kommen.
b Mit der Versichertenkarte zum Zahnarzt gehen.
c Einen neuen Termin ausmachen.

1 Wie können Sie heute zum Südbahnhof fahren?

a Mit der U 1.
b Mit der U-Bahn und dem Bus.
c Überhaupt nicht.

2 Was soll Frau Aslan tun?

a Am Freitag vorbeikommen.
b Eine Fortbildung machen.
c Im Sekretariat anrufen.

3 Was kann man mit der Kundenkarte machen?

a Einkaufen und später bezahlen.
b Billiger einkaufen.
c Auch im Ausland einkaufen.

4 Was ist heute im Angebot?

a Gemüse.
b Fleisch.
c Obst.

Modelltest 2

25 Minuten Hören

Hören Teil 2

 Sie hören fünf Ansagen aus dem Radio. Zu jeder Ansage gibt es eine Aufgabe. Welche Lösung (a, b oder c) passt am besten?
Markieren Sie Ihre Lösungen für die Aufgaben 5 – 9 auf dem Antwortbogen.

5   Wie wird das Wetter in Süddeutschland?

   a   Die Sonne scheint.
   b   Es gibt viele Wolken.
   c   Es regnet und schneit.

6   Wann hören Sie Tipps zur Arbeitssuche?

   a   Am Montag.
   b   Am Mittwoch.
   c   Am Wochenende.

7   Wo muss man sehr vorsichtig fahren?

   a   Auf der A 1.
   b   Auf der A 3.
   c   Auf der A 31.

8   Was kann man gewinnen?

   a   CDs.
   b   Eine Reise.
   c   Bargeld.

9   Herr Lohmann

   a   wird von der Polizei gesucht.
   b   hatte einen Unfall.
   c   wird seit Tagen vermisst.

Modelltest 2

25 Minuten Hören

Hören Teil 3

Sie hören vier Gespräche. Zu jedem Gespräch gibt es zwei Aufgaben. Entscheiden Sie bei jedem Gespräch, ob die Aussage dazu richtig oder falsch ist und welche Antwort (a, b oder c) am besten passt.
Markieren Sie Ihre Lösungen für die Aufgaben 10–17 auf dem Antwortbogen.

Beispiel:

Frau Schneider hat starke Kopfschmerzen.

☐ richtig   ☒ falsch

Was empfiehlt der Arzt Frau Schneider?

a Sie soll Tabletten nehmen und Krankengymnastik machen.
b Sie soll viel Rad fahren und schwimmen.
c Sie soll zu Hause bleiben.

☒ a   ☐ b   ☐ c

10 Frau Brodsky telefoniert mit dem Deutschlehrer.

11 Was soll Frau Brodsky machen?

    a Ihrem Sohn mehr bei den Hausaufgaben helfen.
    b Einen Nachhilfelehrer suchen.
    c Ihren Sohn mittags länger in der Schule lassen.

12 Herr Kowalski hat ein Gespräch beim JobCenter.

13 Was muss Herr Kowalski noch tun?

    a Verschiedene Unterlagen mitbringen.
    b Den Antrag unterschreiben.
    c In vier Wochen den Antrag abgeben.

14 Frau Mavinga bewirbt sich.

15 Was ist richtig?

    a Frau Mavinga möchte 20 Stunden pro Woche arbeiten.
    b Frau Mavinga möchte nicht am Samstag arbeiten.
    c Frau Mavinga hat Berufserfahrung.

16 Die Frau kauft eine neue Waschmaschine.

17 Wann findet die Lieferung statt?

    a Am Donnerstagmorgen.
    b Spätestens Ende der Woche.
    c Am Nachmittag.

Modelltest 2

25 Minuten Hören

Hören Teil 4

Sie hören Aussagen zu einem Thema. Welcher der Sätze a – f passt zu den Aussagen 18 – 20?
Markieren Sie Ihre Lösungen für die Aufgaben 18 – 20 auf dem Antwortbogen.
Lesen Sie jetzt die Sätze a – f. Dazu haben Sie eine Minute Zeit.
Danach hören Sie die Aussagen.

Beispiel:

a	b	c	d	e	f
☐	☐	☐	☒	☐	☐

18 …

19 …

20 …

a   Wenn die Geschäfte sonntags geöffnet haben, führt das für alle zu mehr Stress.

b   Sonntagsarbeit ist beliebt, weil sie besser bezahlt wird.

c   Sonntagsarbeit ist gut für die Wirtschaft.

☒   Warum sollen vor Weihnachten andere Regeln gelten als sonst im Jahr.

e   Sonntagsarbeit ist kein Problem, weil man dafür einen anderen Tag in der Woche frei bekommt.

f   Die Angestellten wollen nicht gerne am Sonntag arbeiten.

**Nicht umblättern!
Warten Sie auf das Zeichen der Prüfenden!**

Modelltest 2

45 Minuten Lesen

Lesen Teil 1

Sie sind im Bürgerbüro Ihrer Stadt. Lesen Sie die Aufgaben 21–25 und den Wegweiser.
In welches Zimmer (a, b oder c) gehen Sie?
Markieren Sie Ihre Lösungen für die Aufgaben 21–25 auf dem Antwortbogen.

Beispiel:

Sie wollen sich selbstständig machen und suchen Informationen.

a   Zimmer 001–005
b   Zimmer 106–107
c   anderes Zimmer

☐ ☐ ☒
a b c

21 Ihr Bekannter spricht nur wenig Deutsch und sucht einen Deutschkurs. Er will wissen, welcher Kurs für ihn der richtige ist.

a   Zimmer 106–107
b   Zimmer 304–306
c   anderes Zimmer

22 Sie haben Fragen zu Ihrem Mietvertrag. Wo bekommen Sie Informationen?

a   Zimmer 001–005
b   Zimmer 215
c   anderes Zimmer

23 Sie haben Ihre Schlüssel verloren. Wo können Sie sie vielleicht wiederbekommen?

a   Zimmer 006–007
b   Zimmer 206–208
c   anderes Zimmer

24 Sie haben eine Stelle im Krankenhaus gefunden und müssen sich vom Arzt untersuchen lassen. Wohin gehen Sie?

a   Zimmer 008–015
b   Zimmer 307–309
c   anderes Zimmer

25 Sie heiraten heute. Wohin gehen Sie?

a   Zimmer 001–005
b   Zimmer 201–203
c   anderes Zimmer

Modelltest 2

45 Minuten Lesen

BÜRGERBÜRO – WEGWEISER

Etage		Zimmer
3	**Gesundheitsamt**	
	ärztlicher Dienst, Gesundheitszeugnisse	301–302
	Impfungen, Reisetipps	303
	IHK-Infostelle	
	Beratung Existenzgründung	304–306
	Gewerbeamt, Gewerberegister	307–309
2	**Standesamt**	
	Eheschließungen	201–203
	Geburtsurkunden, Sterbeurkunden	204–205
	Sozialamt	
	Sozialhilfe, Informationen und Anträge	206–208
	Schuldnerberatung	209–210
	Wohnungsamt	
	Wohnungssuche, Wohnungsvermittlung Sozialwohnungen	211–213
	Wohngeld	214
	Mietrechtliche Beratung	215
1	**Volkshochschule**	
	Kursanmeldung	101–105
	Beratung und Tests	106–107
	Kursräume	108–115
EG	**Bürgeramt**	
	Meldestelle, Ausgabe fertiger Ausweispapiere	001–005
	Fundbüro	006–007
	Ordnungsamt, Stadtpolizei	008–015

Lesen Teil 2

Lesen Sie die Situationen 26 – 30 und die Anzeigen a – h. Finden Sie für jede Situation die passende Anzeige.
Markieren Sie Ihre Lösungen für die Aufgaben 26 – 30 auf dem Antwortbogen. Für eine Aufgabe gibt es keine Lösung. Markieren Sie in diesem Fall ein *X*.

26 Ihr Sohn zieht in seine erste Wohnung. Sie suchen billige Möbel für sein Wohnzimmer.

27 Sie ziehen nächstes Wochenende um. Sie suchen eine Firma, die Ihre Möbel transportiert.

28 Sie suchen eine ruhige, helle 3-Zimmer-Wohnung mit guten Verkehrsverbindungen in die Innenstadt. Sie möchten keine Wohnung im Erdgeschoss.

29 Sie suchen für sich und Ihre Familie eine 4-Zimmer-Wohnung im Zentrum. Ihre Eltern haben Probleme mit dem Treppensteigen.

30 Ein Kollege kommt im September für drei Monate nach Deutschland. Sie suchen für ihn ein Zimmer oder eine kleine Wohnung.

Modelltest 2
45 Minuten Lesen

a **Kurier- und Transportdienst Express**
- 24-Stunden-Service
- Wir transportieren Papiere, kleinere Pakete und alle Ihre Unterlagen schnell und zuverlässig.
- Kurierfahrten auch ins Ausland

Tel.: 0162 2084453

b **RIEDBERG IMMOBILIEN**

Ruhige, am Stadtrand gelegene **3 Zi-Wohnung**, Küche, Bad, 75m², EG, 560 € + NK., renoviert, 10 Minuten zum Einkaufszentrum, gute Verkehrsverbindungen in die Innenstadt von Mühlheim. Bei Interesse bitte unter +49 208 69699918 melden.

RIEDBERG IMMOBILIEN

c **Haushaltsauflösung / Second Hand**

Tische und Stühle
Schränke
Küchengeräte
Schlafsofas
für günstige Preise abzugeben.

Sie müssen die Möbel selbst abholen.
☎ +49 511 45 90 16 39

d **MITWOHNZENTRALE WOHNRAUMVERMITTLUNG**

Suchen Sie ein Zimmer oder eine Wohnung auf Zeit – möbliert oder leer?
Möchten Sie Ihre Wohnung untervermieten?

Bei uns finden Sie täglich neue Angebote!

KONTAKT
info.mitwohnerzentrale@beispiel.de

e *Glück*-Immobilien bieten an:

Schöne 3-Zi-Whg im Neubau, 5. Stock, 87 m², mit kleinem Balkon und Aufzug, ruhiges Wohnviertel, 10 km außerhalb von Frankfurt, direkt an der S- und U-Bahnhaltestelle nach Frankfurt bzw. Wiesbaden. Miete € 620 + NK + KT

Sofort frei!

Mehrere 1–2-Zi-Wohnungen auch im Zentrum ab dem 1. Januar.
Info: +49 69 24445830

f **Nachmieter gesucht**
- 4 Zi-Whg, 82 m², außerhalb der Stadt, ruhige Wohngegend
- Küche, Bad, Balkon, Kabel-TV,
- komplett renoviert,
- Parkplatz kann gemietet werden
- Warmmiete 750 €, 3 MM Kaution
- Hochhauswohnung, Aufzug im Haus

Bitte melden ☎ 0162 2082682

g + + + Sofort frei + + +

Stadtmitte
Große renovierte **4-Zi.Whg**, Küche, Bad, 80 m², kl. Balkon, alle Zimmer mit Laminat, 5. Stock, kein Aufzug.
Warmmiete € 800 + Umlagen

+ Info unter 0162/20 82 78 4 +

h **SPEDITION KOCH**
→ Preiswert und zuverlässig
→ Private und gewerbliche Umzüge
→ Schrank- und Küchenmontage
→ Handwerkerservice
→ Stadt-, Nah- und Fernbereich

Tel.: **0162/20 836 40**

Modelltest 2

45 Minuten Lesen

Lesen Teil 3

Lesen Sie die drei Texte. Zu jedem Text gibt es zwei Aufgaben. Entscheiden Sie bei jedem Text, ob die Aussage richtig oder falsch ist und welche Antwort (a, b oder c) am besten passt. Markieren Sie Ihre Lösungen für die Aufgaben 31–36 auf dem Antwortbogen.

An die Mieter des Hauses Sandweg 12

Liebe Mieterinnen und Mieter,

immer wieder beschweren sich Bewohner des Hauses, dass die Mülltonnen zu voll sind und dass der Müll oft neben die Tonnen gestellt wird. Im Hof ist es dann schmutzig und es riecht schlecht.

Die Hausverwaltung möchte dieses Problem lösen: Ab dem 1. August werden wir zwei zusätzliche Mülltonnen bei der Stadt bestellen.

Wir müssen Sie aber darauf hinweisen, dass für diese Mülltonnen Kosten entstehen, die wir auf alle Mieter umlegen müssen. Ihren Beitrag finden Sie am Jahresende in Ihrer Nebenkostenabrechnung.

Wir hoffen und erwarten, dass alle Seiten mit dieser Lösung zufrieden sein werden.

Mit freundlichen Grüßen

Ihre Hausverwaltung

---

31 Viele Mieter sind unzufrieden.

richtig/falsch?

32 Die Hausverwaltung

- **a** möchte die Mülltonnen nicht mehr in den Hof stellen.
- **b** möchte, dass die Mieter weniger Müll wegwerfen.
- **c** möchte weitere Mülltonnen besorgen.

Modelltest 2

45 Minuten Lesen

Liebe Eltern,

zur Vorbereitung der Klassenfahrt in diesem Schuljahr lade ich Sie herzlich zu einem Elternabend ein. Dieser findet am 1. September um 18 Uhr in Raum 120 statt.

Auf dem Elternabend wollen wir über das Ziel der Klassenfahrt, ihre Dauer und die Kosten sprechen.

Falls Sie Probleme haben sollten, die Reise zu finanzieren, nehmen Sie bitte in den nächsten Tagen, auf jeden Fall aber vor dem Elternabend, Kontakt mit mir auf. Wir werden bestimmt eine Lösung finden.

Wichtig:
Alles, was an diesem Abend beschlossen wird, gilt für alle Schüler, also auch für die Schüler, deren Eltern nicht anwesend waren. Deshalb ist es in Ihrem Interesse, dass von jedem Schüler ein Elternteil zum Elternabend kommt.

Mit freundlichen Grüßen

Ihre Schulleitung

33 Es ist wichtig, dass Eltern aller Schüler zum Elternabend kommen.
richtig/falsch?

34 Wenn Eltern nicht kommen können,

    a   sollen sie den Klassenlehrer vor dem Elternabend anrufen.
    b   müssen sie akzeptieren, was an diesem Abend besprochen wurde.
    c   können ihre Kinder nicht an der Klassenfahrt teilnehmen.

Modelltest 2
45 Minuten Lesen

■ BEITRAGSSERVICE RUNDFUNKGEBÜHREN WICHTIGE INFORMATIONEN

Im Moment werden ältere Mitbürger häufig von Personen angerufen, die sagen, dass sie im Auftrag des Beitragsservice telefonieren. Sie behaupten, dass Rentner ab sofort keine Rundfunkgebühren mehr zahlen müssten. Dann bitten sie die Angerufenen, ihre Bankverbindung zu nennen, angeblich, damit sie die zu viel gezahlten Rundfunkgebühren zurückzahlen können.

Der Beitragsservice warnt vor diesen Anrufen. Diese Anrufe sind falsch.

Hier sind Betrüger unterwegs. Die Anrufer wollen Ihre Kontodaten haben. Der Beitragsservice hat bereits bei der Polizei Anzeige erstattet und bittet jeden, der von den Betrügern angerufen wird, um schnelle Mitteilung: beitragsservice@beispiel.de.

---

35 Durch diese Pressemitteilung will der Beitragsservice die Verbraucher warnen.
richtig/falsch?

36 Der Beitragsservice möchte, dass die Kunden

- **a** weniger bezahlen.
- **b** ihn über bestimmte Anrufe informieren.
- **c** ihre Bankverbindung angeben.

Lesen Teil 4

Lesen Sie den Text. Entscheiden Sie, ob die Aussagen 37–39 richtig oder falsch sind.
Markieren Sie Ihre Lösungen für die Aufgaben 37–39 auf dem Antwortbogen.

ProBank Telefon-Banking

Schneller, einfacher und bequemer geht es nicht!

Mit dem ProBank Telefon-Banking können Sie Ihr ProBank Girokonto bequem von jedem Telefon aus führen. Egal, ob Sie von zu Hause, vom Arbeitsplatz oder von unterwegs aus anrufen – Sie benötigen nur Ihre persönliche Telefon-Geheimzahl. Diese erhalten Sie mit separater Post.

Unser Telefon-Banking arbeitet mit einem Sprachcomputer und ist 24 Stunden am Tag für Sie erreichbar. Das Telefon-Banking ist für Sie kostenlos, Sie müssen nur die Telefonkosten bezahlen. Bitte wählen Sie die Telefonnummer +49 40 32519967 (9 Cent/Minute aus dem Festnetz der Deutschen Telekom; ggf. abweichende Mobilfunktarife).

Die folgenden Leistungen stehen Ihnen zur Verfügung:

- **Kontoinformationen, Kontostand abfragen**
  Ihr aktueller Kontostand wird Ihnen nach Eingabe Ihrer Kontonummer und Telefon-Geheimzahl genannt. Sie können außerdem einen Kontoauszug über den Sprachcomputer bestellen.

- **Buchungsaufträge**
  Überweisungen sind ebenfalls direkt über den Sprachcomputer möglich. Inlands-Überweisungsaufträge sind bis maximal 10.000 EUR pro Tag möglich. Überweisungen ins Ausland können im Moment telefonisch leider noch nicht in Auftrag gegeben werden.

- **Daueraufträge einrichten**
  Für die Einrichtung eines Dauerauftrags lassen Sie sich zu einem Mitarbeiter der Bank verbinden (Direkt-Service).

- **Bestellservice**
  Auf Wunsch können Sie über unseren Sprachcomputer alle wichtigen Formulare, zum Beispiel Girobriefumschläge und Überweisungsvordrucke bestellen. Fünf Vordrucke pro Monat sind kostenlos.

37 Für das Telefonbanking muss der Kunde außer den Telefonkosten nichts bezahlen.
richtig/falsch?

38 Nicht jede Überweisung ist mit dem Telefonbanking möglich.
richtig/falsch?

39 Der Kunde bekommt jeden Monat Vordrucke und Formulare zugeschickt.
richtig/falsch?

Modelltest 2

45 Minuten Lesen

Lesen Teil 5

Lesen Sie den Text und schließen Sie die Lücken 40 – 45. Welche Lösung (a, b oder c) passt am besten?
Markieren Sie ihre Lösungen für die Aufgaben 40 – 45 auf dem Antwortbogen.

Köln, den 1. Oktober 2020

Kündigung meines Mobilfunkvertrags
Kundennummer 245 333 22, Vertragsnummer MFV6674X

Sehr __0__ Damen und Herren,

hiermit kündige ich meinen Mobilfunkvertrag zum nächstmöglichen __40__.

Es handelt sich um den zwischen Ihnen und mir bestehenden __41__ mit der oben angegebenen Nummer.

Könnten Sie mir bitte mitteilen, ab wann ich meinen Vertrag beenden __42__?

Bitte schicken Sie mir außerdem eine schriftliche __43__ über den Eingang der Kündigung zu.

Weiter möchte ich Sie __44__, mich aus Ihrer Adressenkartei zu nehmen und mir in Zukunft keine Werbung mehr zuzusenden.

Mit freundlichen __45__

Karsten Wissman

Beispiel:

0   a   geehrte
    b   geehrten
    c   geehrter

☒ ☐ ☐
a b c

40 a   Datum
    b   Frist
    c   Zeit

41 a   Antrag
    b   Beitrag
    c   Vertrag

42 a   will
    b   kann
    c   muss

43 a   Anmeldung
    b   Aufnahme
    c   Bestätigung

44 a   fordern
    b   bitten
    c   wünschen

45 a   Grüßen
    b   Wiedersehen
    c   Dank

**Nicht umblättern!
Warten Sie auf das Zeichen der Prüfenden!**

Modelltest 2

30 Minuten Schreiben

Schreiben

Wählen Sie Aufgabe A *oder* Aufgabe B. Zeigen Sie, was Sie können. Schreiben Sie möglichst viel. Schreiben Sie Ihren Text auf den Antwortbogen.

Aufgabe A

Sie finden an Ihrem Arbeitsplatz eine Nachricht von Ihrem Chef. In der Firma ist im Moment viel zu tun, darum fragt er Sie, ob Sie diese Woche auch am Samstag arbeiten könnten. Sie schreiben Ihrem Chef eine E-Mail.

Schreiben Sie etwas über folgende Punkte. Vergessen Sie nicht die Anrede und den Gruß.

- Samstag arbeiten ist okay.
- Wie viele Stunden arbeiten?
- Ist um 10 Uhr anfangen in Ordnung?
- Für den Samstag nächste Woche einen Tag frei nehmen?

oder

Aufgabe B

Ihr Sohn kann morgen nicht an einem Ausflug teilnehmen, weil er krank geworden ist. Sie schreiben einen Brief an die Lehrerin, Frau Krüger.

Schreiben Sie etwas über folgende Punkte. Vergessen Sie nicht die Anrede und den Gruß.

- Grund für Ihr Schreiben
- Was fehlt Ihrem Sohn?
- Was hat der Arzt gesagt?
- Wann wieder in der Schule?

4 Modelltest 2
16 Minuten Sprechen

Sprechen Teil 1

Teilnehmer/in A und B

Teil 1: Über sich sprechen

- Name
- Geburtsort
- Wohnort
- Arbeit/Beruf
- Familie
- Sprachen

Das sagt der Prüfer oder die Prüferin:

– *Würden Sie sich bitte vorstellen?*

– *Erzählen Sie bitte etwas über sich.*

Sprechen Teil 2

Teilnehmer/in A

Teil 2: Über Erfahrungen sprechen

Das sagt der Prüfer oder die Prüferin:

Teil 2 A

Sie haben in einer Zeitschrift ein Foto gefunden. Berichten Sie kurz:
- Was sehen Sie auf dem Foto?
- Was für eine Situation zeigt das Bild?

Teil 2 B

Erzählen Sie bitte: Welche Erfahrungen haben Sie damit?

Teilnehmer/in B

Teil 2: Über Erfahrungen sprechen

- -

Das sagt der Prüfer oder die Prüferin:

Teil 2 A

Sie haben in einer Zeitschrift ein Foto gefunden. Berichten Sie kurz:
- *Was sehen Sie auf dem Foto?*
- *Was für eine Situation zeigt das Bild?*

Teil 2 B

Erzählen Sie bitte: Welche Erfahrungen haben Sie damit?

Sprechen Teil 3

Teilnehmer/in A und B

Teil 3: Gemeinsam etwas planen

Sie wollen mit einem Freund am nächsten Samstag einen Ausflug machen.

Planen Sie, was Sie tun möchten. Hier sind einige Notizen:

- Wohin?
- Wie lange?
- Wie reisen?
- Was dort machen?
- Was mitnehmen?
- Wer kümmert sich um was?
- ...?

Modelltest 3

25 Minuten Hören

Hören Teil 1

 Sie hören vier Ansagen. Zu jeder Ansage gibt es eine Aufgabe. Welche Lösung (a, b oder c) passt am besten?
Markieren Sie Ihre Lösungen für die Aufgaben 1–4 auf dem Antwortbogen.

Beispiel:

Sie wollen mit der S 4 zum Hauptbahnhof.
Von welchem Gleis fahren Sie ab?

a Von Gleis 4.
b Von Gleis 5
c Von Gleis 7.

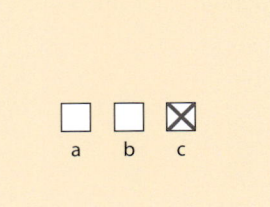

1 Was soll Frau Schmidt machen?

   a An die Schule schreiben.
   b Am Samstag in die Schule kommen.
   c Auf einen Brief warten.

2 Wann soll Svetlana am Kino sein?

   a Um 20 Uhr.
   b Um kurz vor halb neun.
   c Um 20 Uhr 30.

3 Wann hat das Bürgeramt geöffnet?

   a Täglich bis 18 Uhr.
   b Auch samstagmittags.
   c Auch samstagabends.

4 Sie müssen dringend zum Orthopäden. Was sollen Sie tun?

   a Am 1. März vorbeikommen.
   b Am 1. März anrufen.
   c Eine andere Nummer anrufen.

Modelltest 3

25 Minuten Hören

Hören Teil 2

Sie hören fünf Ansagen aus dem Radio. Zu jeder Ansage gibt es eine Aufgabe. Welche Lösung (a, b oder c) passt am besten?
Markieren Sie Ihre Lösungen für die Aufgaben 5–9 auf dem Antwortbogen.

5 Wo liegen Gegenstände auf der Straße?

    a   Auf der A 3.
    b   Auf der A 5.
    c   Auf der A 45.

6 Wie wird das Wetter am Sonntag?

    a   Es wird wärmer.
    b   Es gibt Regen.
    c   Es wird sehr windig.

7 Was hören Sie?

    a   Verkehrsmeldungen.
    b   Die Nachrichten.
    c   Tipps für Autobesitzer.

8 Wann kann man den Krimi sehen?

    a   Heute um 20.15 Uhr.
    b   Es gibt noch keinen neuen Termin.
    c   Morgen.

9 Die Bewohner des Stadtteils sollen

    a   die Feuerwehr anrufen.
    b   die Löscharbeiten nicht stören.
    c   ihre Wohnungen verlassen.

Modelltest 3

25 Minuten Hören

Hören Teil 3

Sie hören vier Gespräche. Zu jedem Gespräch gibt es zwei Aufgaben. Entscheiden Sie bei jedem Gespräch, ob die Aussage dazu richtig oder falsch ist und welche Antwort (a, b oder c) am besten passt.
Markieren Sie Ihre Lösungen für die Aufgaben 10–17 auf dem Antwortbogen.

Beispiel:

Beide Frauen waren auf einem Hoffest. ☐ richtig ☒ falsch

Es gab ein Problem,

a weil es am Abend geregnet hat.
b weil ein Nachbar sich beschwert hat.
c weil nur wenige Nachbarn Lust zum Feiern hatten.

☐ a ☒ b ☐ c

10 Die Kundin beschwert sich über eine Reparatur.

11 Was bietet der Verkäufer an?

    a Ein neues Fahrrad.
    b Ein Ersatzrad.
    c Geld für das alte Rad.

12 Der Sprecher will verreisen.

13 Worum bittet der Mann Frau Scholz?

    a Sie soll ihn im Urlaub anrufen.
    b Sie soll nach den Blumen sehen.
    c Sie soll wichtige Post an seine Adresse schicken.

14 Sie hören ein Gespräch zwischen einer Patientin und einer Apothekerin.

15 Was ist richtig?

    a Das Medikament kostet nichts.
    b Das Medikament kann man nicht mehr bekommen.
    c Das Medikament ist rezeptfrei.

16 Herr Braun und Herr Martin sind Kollegen.

17 Kommt Herr Braun zur Versammlung?

    a Nein, er muss arbeiten.
    b Nein, er hat Urlaub.
    c Er weiß es noch nicht genau.

Modelltest 3
25 Minuten Hören

Hören Teil 4

 Sie hören Aussagen zu einem Thema. Welcher der Sätze a – f passt zu den Aussagen 18 – 20?
Markieren Sie Ihre Lösungen für die Aufgaben 18 – 20 auf dem Antwortbogen.
Lesen Sie jetzt die Sätze a – f. Dazu haben Sie eine Minute Zeit.
Danach hören Sie die Aussagen.

Beispiel:

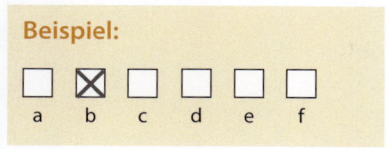

18 …

19 …

20 …

a   Die Sprecherin hat ihren Fernseher verkauft, nachdem sie ein Kind bekam.

b   Wichtig sind eindeutige Regeln beim Fernsehen.

c   Es hängt vom Alter ab, wie viel Kinder fernsehen sollten.

d   Man soll die Kinder nicht alleine fernsehen lassen.

e   Ohne Fernsehen würde es keine Probleme mehr geben.

f   Eltern müssen ihr eigenes Fernsehverhalten ändern.

**Nicht umblättern!
Warten Sie auf das Zeichen der Prüfenden!**

5 Modelltest 3

45 Minuten Lesen

Lesen Teil 1

Sie wollen etwas einkaufen. Lesen Sie die Aufgaben 21–25 und die Internetseite. Wo (a, b oder c) finden Sie etwas Passendes?
Markieren Sie Ihre Lösungen für die Aufgaben 21–25 auf dem Antwortbogen.

Beispiel:

Sie suchen einen neuen Pullover.

- a Mode
- b Fit, Schön & Gesund
- c andere Seite

☒ ☐ ☐
a b c

---

21 Sie interessieren sich für eine Kaffeemaschine.

- a Feinschmecker
- b Haushaltsgeräte
- c andere Seite

22 Sie suchen einen neuen Teppich.

- a Wohnen
- b Mode
- c andere Seite

23 Sie wollen Ihre Wohnung streichen und tapezieren.

- a Wohnen
- b Heimwerken & Garten
- c andere Seite

24 Sie möchten Ihrer Tochter eine Eintrittskarte für ein Konzert schenken.

- a Audio & HiFi
- b Geschenkartikel
- c andere Seite

25 Sie wollen mit dem Auto in den Urlaub fahren und brauchen Tabletten, weil Ihnen im Auto immer schlecht wird.

- a Fit, Schön & Gesund
- b Freizeit, Urlaub & Reise
- c andere Seite

Modelltest 3

45 Minuten Lesen

www.marktplatz.beispiel.de
Günstig online bestellen

Suche | Warenkorb

HAUSHALTSGERÄTE
Backöfen & Herde – Gefriergeräte & Kühlschränke – Waschmaschinen – Geschirrspüler – Kleingeräte/Haushalt – Staubsauger

WOHNEN
Möbel, Büromöbel – Komplett-Einrichtungen – Lampen & Licht – Sofas & Sessel – Betten, Lattenroste, Matratzen – Wohntextilien – Tische, Stühle, Regale – Markenglas

BÜRO
Papier, Schreibwaren – Versandmaterial – technischer Zeichenbedarf – Büroartikel – Alles für die Schule – Bürotechnik – Koffer & Taschen

HEIMWERKEN & GARTEN
Bad, Küche & Sanitär – Bauen & Renovieren – Werkstatt & Werkzeug – Tapeten & Farben – Haustechnik – Pflanzen & Pflanzenzubehör – Tierbedarf

MODE
Damen- & Herrenbekleidung – Damen- & Herrenschuhe – Mode für das Kind – Koffer und Taschen – Kostüme, Masken & Perücken

AUDIO & HIFI
Musik-CDS, DVDs, Hörbücher – Radios & Stereoanlagen – CD-Player, MP3-Player, DVD-Player & -Recorder – Lautsprecher

FOTO & KAMERAS
Digitalkameras & Zubehör – Foto-Zubehör – Fotoarchivierung – Filmkameras – Filmprojektoren

MUSIKINSTRUMENTE
Blasinstrumente – Drums & Percussion – Exotische Instrumente – Gitarren – Streich- und Zupfinstrumente – Tasteninstrumente – Studioequipment – Noten & Songbooks

FIT, SCHÖN & GESUND
Gesundheit & Kosmetik – Diät & Ernährung – Wellness – Drogerieartikel – Augenoptik

FREIZEIT, URLAUB & REISE
Tickets, Gutscheine, Konzertkarten – Kultur & Veranstaltungen – Flüge, Reisen, Familien- & Kurzreisen, Last minute

FEINSCHMECKER
Lebensmittel & Getränke – Tee & Kaffee aus allen Ländern – asiatische Lebensmittel – Früchte & Gemüse – Fisch & Meeresfrüchte – Süßes & Salziges – Würzen & Verfeinern – Zigarren & Tabakwaren – Kochbücher

GESCHENKARTIKEL
Geburtstag, Hochzeit, Muttertag – Verpackung – Karten – Spardosen – Kunsthandwerk

Lesen Teil 2

Lesen Sie die Situationen 26 – 30 und die Anzeigen a – h. Finden Sie für jede Situation die passende Anzeige.
Markieren Sie Ihre Lösungen für die Aufgaben 26 – 30 auf dem Antwortbogen. Für eine Aufgabe gibt es keine Lösung. Markieren Sie in diesem Fall ein *X*.

26 Es ist Sonntagabend. Ihre Tochter hat plötzlich starke Kopfschmerzen und Sie brauchen ein Medikament für sie.

27 Sie können schlecht schlafen und suchen Hilfe.

28 Sie arbeiten viel am Computer und brauchen eine neue Brille.

29 Sie möchten wissen, wie Sie Ihre Krankenkasse wechseln können.

30 Sie haben jeden Morgen starke Rückenschmerzen. Sie suchen Hilfe.

Modelltest 3
45 Minuten Lesen

a

SPORTCENTER MITTE
Spezielle Angebote für Krafttraining und Selbstverteidigung.

Für alle sportlich Aktiven, die sich mehr bewegen und ihre Leistung steigern möchten.

Ein persönlicher Trainer hilft Ihnen.

Anruf genügt: Wir schicken Ihnen weitere Informationen:
☎ +49 511 45901639

b

Was tun bei Erkältungen und Grippe?
Was tun bei Kopfschmerzen, Migräne und Schlafstörungen?
Wie können Sie sich und Ihre Kinder schützen?

Informationsveranstaltung am Sonntag, den 17. Oktober, 20.00 Uhr in Zusammenarbeit mit Krankenkassen und Apotheken. Eintritt frei.
Bürgerhaus – Garding

c

Apotheken-Notdienstfinder

Mit dem Notdienstfinder finden Sie schnell eine Notdienstapotheke.
Geben Sie Postleitzahl oder Ort ein

Suche Notdienstapotheke

PLZ Ort: ..... Straße: *(optional)* ......
Im Umkreis von: ..... km
Termin: ....

d

Das Beste für unsere Patienten

Mit diesem Ziel schließen sich BARMER Ersatzkasse und GEK zusammen. Das bringt für Sie viele Vorteile: noch mehr Service und noch bessere Leistungen. Ab sofort: Deutschlands größte Krankenkasse – 8,6 Millionen Versicherte, über 1.000 Betreuungsstellen und 19.000 Mitarbeiter

Erfahren Sie mehr im folgenden Artikel.

e

ÄRZTEHAUS LÜBECKERSTRASSE

- Allgemeinmedizin
- Innere Medizin
- HNO-Heilkunde

Öffnungszeiten: Mo–Fr 8–18 Uhr
Sie erreichen uns mit der
U2 und U4 Haltestelle Theaterplatz

f

Tierärztliche Praxis *für Augenheilkunde*
Dr. Jens Laumer

Schweizerstraße 20–22

Bitte vereinbaren Sie einen Termin innerhalb folgender Zeiten: Mo, Di, Do, Fr 9–12 Uhr und 16–18 Uhr Mittwochs ist Operationstag.

NOTRUF: Bei Notfällen außerhalb der Sprechzeiten erreichen Sie uns unter der Notruf-Nummer **+49 621 39158707**

g

ORTHOPÄDIE am Zoo

Fachärzte für

Orthopädie und Chirotherapie
Akupunktur, Krankengymnastik
– alle Kassen –

Sprechstunden nach Vereinbarung
Staufenstraße 10
70137 Stuttgart
Telefon +49 711 93383855

h

AUGENÄRZTE – AUGENHEILKUNDE

PROF. DR. ARIAS,
DR. STEIN,
DR. LAUMANN

Staufenstraße 12 · 83359 Freilassing

→ Sehtests
→ Sehhilfen – Kontaktlinsen
→ Ambulante Operationen
→ Ärztliches Qualitätsmanagement

Lesen Teil 3

Lesen Sie die drei Texte. Zu jedem Text gibt es zwei Aufgaben. Entscheiden Sie bei jedem Text, ob die Aussage richtig oder falsch ist und welche Antwort (a, b oder c) am besten passt. Markieren Sie Ihre Lösungen für die Aufgaben 31–36 auf dem Antwortbogen.

Liebe Eltern

gut erhaltene Kleidung für Kinder und Jugendliche, Spielzeug, Bücher und vieles mehr bietet der Flohmarkt der Peter Petersen Grundschule, Kaiserstraße 20.

Am Samstag 24. April können Eltern dort einkaufen, während ihre Kinder betreut werden.
Der Markt ist von 14 bis 17 Uhr geöffnet. Der Verkauf findet auf dem Schulhof statt.
Wer etwas verkaufen möchte und einen eigenen Tapeziertisch mitbringt, zahlt sechs Euro. Ein Leihtisch ist für vier Euro zu haben. Tischreservierung unter Telefon 0162 2089982 (16 bis 21 Uhr). Für Getränke und einen kleinen Imbiss wird gesorgt.

Bitte geben Sie uns Bescheid, ob Sie kommen möchten und ob Sie einen Leihtisch benötigen.

Mit freundlichen Grüßen
Die Schulleitung

---

31 Am 24. April kann man in der Peter Petersen Grundschule günstig Sachen kaufen.
richtig/falsch?

32 Die Schulleitung möchte,
  a dass die Eltern etwas zu essen und zu trinken mitbringen.
  b dass die Eltern eigene Tische mitbringen.
  c dass die Eltern eine kleine Gebühr bezahlen, wenn sie etwas verkaufen.

Sehr geehrte Familie Gonzales,

aus Gründen der Sicherheit muss auch dieses Jahr Ihre Gasheizung wieder überprüft und gereinigt werden. Dazu wird sich die Firma **Bauer – Sanitärinstallation** in den nächsten Tagen telefonisch mit Ihnen in Verbindung setzen, um einen Termin auszumachen.

Die Kosten für diese Wartung sind laut Mietvertrag von Ihnen zu zahlen. Wir weisen Sie aber darauf hin, dass Sie einen Teil der Kosten als sogenannte „haushaltsnahe Dienstleistung" beim Finanzamt von Ihrer Steuer abziehen können.

Mit freundlichen Grüßen
Ihr Hausverwaltung

33 Im Haus werden alle Gasöfen ausgetauscht. Die Firma Bauer kommt in den nächsten Tagen vorbei.
richtig/falsch?

34 Die Kosten für Überprüfung und Reinigung

    a zahlt der Vermieter.
    b muss der Mieter bezahlen.
    c sind dieses Jahr 20 Prozent geringer.

Modelltest 3

45 Minuten Lesen

Berufsbezogene Sprachförderung
Kursangebot für Migranten

Diese Kurse richten sich an Migrantinnen und Migranten, die sich beruflich und sprachlich weiterbilden möchten. Ziel ist es, den Teilnehmerinnen und Teilnehmern zu helfen, einen Arbeitsplatz zu finden.

Migranten/Migrantinnen können an einer berufsbezogenen Sprachförderung teilnehmen, wenn sie Arbeit suchen und eine sprachliche und fachliche Qualifizierung für den Arbeitsmarkt benötigen, aber auch wenn sie bereits in einem Beschäftigungsverhältnis stehen.

Sie müssen einen Integrationskurs abgeschlossen haben. Wenn sie nachweisen können, dass sie ein Sprachniveau von mindestens B1 haben, gilt diese Bedingung jedoch nicht.

In den Kursen lernen die Teilnehmerinnen und Teilnehmer nicht nur Deutsch für den Beruf, sie besuchen auch Betriebe und machen ein Praktikum.

Die Kurse sind kostenlos. Haben Sie Kinder, können die Kosten für Kinderbetreuung eventuell übernommen werden.

---

35 Die Kurse kann man auch besuchen, wenn man schon eine Arbeit hat.
  richtig/falsch?

36 Wenn man an den Kursen teilnehmen möchte,

  a muss man gleichzeitig einen Integrationskurs machen
  b muss man gute Deutschkenntnisse (Niveau B1) haben.
  c kann man seine Kinder zum Unterricht mitnehmen.

Lesen Teil 4

Lesen Sie den Text. Entscheiden Sie, ob die Aussagen 37–39 richtig oder falsch sind.
Markieren Sie Ihre Lösungen für die Aufgaben 37–39 auf dem Antwortbogen.

Auszug aus den Allgemeinen Geschäftsbedingungen der Volkshochschule

Allgemeines

(1) Wer sich zu einem der Kurse der Volkshochschule, nachfolgend VHS genannt, anmeldet, erkennt die AGB und die Hausordnungen der jeweiligen Veranstaltungsorte an.

Kündigung durch den/die Teilnehmer/in

(1) Bei Abmeldung/Kündigung bis 10 Tage vor Kursbeginn werden die bereits gezahlten Kursgebühren und besondere Kosten in voller Höhe zurückgezahlt.
(2) Bei späterer Abmeldung bis einen Werktag vor Kursbeginn sind 30 % der Kursgebühr, mindestens jedoch 10 Euro zu zahlen. Besondere Kosten sind in voller Höhe zu zahlen.
(3) Ab dem Tag des Kursbeginns besteht kein Anspruch auf Rückzahlung der Kursgebühr und der besonderen Kosten.
(4) Rückzahlungen können in der Regel nur unbar erfolgen.

Ummeldung

Eine Ummeldung von einem Kurs in einen vergleichbaren anderen Kurs im laufenden Programm kann nur vor Kursbeginn und mit Zustimmung der VHS erfolgen. Bereits gezahlte Kursgebühren und besondere Kosten werden verrechnet.

Teilnahmebescheinigungen

Die Teilnahme an einem Kurs kann unter der Voraussetzung regelmäßiger Teilnahme auf Wunsch bescheinigt werden. Die Ausstellung einer Teilnahmebescheinigung ist bis spätestens zwei Jahre nach Ablauf des Jahres, in dem der Kurs beendet ist, möglich.

---

37 Wenn ein Teilnehmer seine Anmeldung zurücknehmen möchte, muss er immer mindestens zehn Euro bezahlen.
richtig/falsch?

38 Man kann sich nicht mehr ummelden, wenn ein Kurs angefangen hat.
richtig/falsch?

39 Die VHS stellt für ihre Kurse automatisch Teilnahmebescheinigungen aus.
richtig/falsch?

Modelltest 3

45 Minuten Lesen

Lesen Teil 5

Lesen Sie den Text und schließen Sie die Lücken 40 – 45. Welche Lösung (a, b oder c) passt am besten?
Markieren Sie ihre Lösungen für die Aufgaben 40 – 45 auf dem Antwortbogen.

Versandhaus
Mode für Sie
Postfach
50100 Köln

Berlin, den 1. Dezember 2020

REKLAMATION

Sehr geehrte Damen und Herren,

__0__ 20. November habe ich bei Ihnen eine Hose bestellt (Levis Jeans 501 31/32). Die Jeans ist am 27. November __40__ mir angekommen. Leider musste ich __41__, dass die Hose zu klein ist (29!/32). Ich bitte Sie, mir die Hose in der von mir bestellten __42__ zuzusenden.

Ich werde Ihnen die zu kleine Jeans __43__. Auch bitte ich Sie, die Gebühren für die Rücksendung (Porto) zu __44__.

Vielen Dank für Ihre __45__.

Mit freundlichen Grüßen

Sergej Naumenkow

Beispiel:

0   a   Ab
    b   Am
    c   Im

☐ ☒ ☐
a b c

---

40 a   an
    b   bei
    c   zu

41 a   bestätigen
    b   festsetzen
    c   feststellen

42 a   Größe
    b   Form
    c   Menge

43 a   bestellen
    b   bezahlen
    c   zurückschicken

44 a   überlegen
    b   übernehmen
    c   überprüfen

45 a   Mühe
    b   Bestellung
    c   Auftrag

**Nicht umblättern!
Warten Sie auf das Zeichen der Prüfenden!**

Modelltest 3

30 Minuten Schreiben

Schreiben

Wählen Sie Aufgabe A *oder* Aufgabe B. Zeigen Sie, was Sie können. Schreiben Sie möglichst viel. Schreiben Sie Ihren Text auf den Antwortbogen.

Aufgabe A

Sie haben die Fernsehzeitschrift „TV aktuell" abonniert. Die Zeitschrift gefällt Ihnen nicht mehr und Sie möchten das Abonnement kündigen. Schreiben Sie einen Brief an TV aktuell.

Schreiben Sie etwas über folgende Punkte. Vergessen Sie nicht die Anrede und den Gruß.

- Grund für Ihr Schreiben
- Was hat Ihnen nicht gefallen?
- Zu welchem Termin können Sie kündigen?
- Bitte um Bestätigung

oder

Aufgabe B

Sie möchten am nächsten Samstag im Baumarkt einkaufen. Jetzt ist Ihr Auto kaputt gegangen. Sie möchten das Auto Ihres Nachbarn, Herrn Scholz, für diesen Tag leihen. Schreiben Sie Herrn Scholz eine E-Mail.

Schreiben Sie etwas über folgende Punkte. Vergessen Sie nicht die Anrede und den Gruß.

- Grund für Ihr Schreiben
- Wie lange Sie das Auto brauchen
- Auch etwas für Herrn Scholz holen?
- Als Dankeschön Einladung zum Essen

Modelltest 3

16 Minuten Sprechen

Sprechen Teil 1

Teilnehmer/in A und B

Teil 1: Über sich sprechen

> Name
> ___
> Geburtsort
> ___
> Wohnort
> ___
> Arbeit/Beruf
> ___
> Familie
> ___
> Sprachen

Das sagt der Prüfer oder die Prüferin:

– *Würden Sie sich bitte vorstellen?*

– *Erzählen Sie bitte etwas über sich.*

Modelltest 3
16 Minuten Sprechen

Sprechen Teil 2

Teilnehmer/in A

Teil 2: Über Erfahrungen sprechen

Das sagt der Prüfer oder die Prüferin:

Teil 2 A

Sie haben in einer Zeitschrift ein Foto gefunden. Berichten Sie kurz:
- *Was sehen Sie auf dem Foto?*
- *Was für eine Situation zeigt das Bild?*

Teil 2 B

Erzählen Sie bitte: Welche Erfahrungen haben Sie damit?

Modelltest 3

16 Minuten Sprechen

Teilnehmer/in B

Teil 2: Über Erfahrungen sprechen

Das sagt der Prüfer oder die Prüferin:

Teil 2 A

Sie haben in einer Zeitschrift ein Foto gefunden. Berichten Sie kurz:
- *Was sehen Sie auf dem Foto?*
- *Was für eine Situation zeigt das Bild?*

Teil 2 B

Erzählen Sie bitte: Welche Erfahrungen haben Sie damit?

Sprechen Teil 3

Teilnehmer/in A und B

Teil 3: Gemeinsam etwas planen

Am nächsten Samstag ist in Ihrem Haus ein Hoffest. Jeder soll etwas dazu beitragen. Sie möchten mit Ihrer Gesprächspartnerin oder Ihrem Gesprächspartner an diesem Hoffest teilnehmen.

Planen Sie, was Sie tun möchten. Hier sind einige Notizen:

- Essen und Trinken?
- Wer kauft ein?
- Wer bezahlt wie viel?
- Ideen für das Fest?
- Was machen, wenn es regnet?
- …?

Modelltest 4

25 Minuten Hören

Hören Teil 1

Sie hören vier Ansagen. Zu jeder Ansage gibt es eine Aufgabe. Welche Lösung (a, b oder c) passt am besten?
Markieren Sie Ihre Lösungen für die Aufgaben 1–4 auf dem Antwortbogen.

Beispiel:

Wie kommen Sie heute am besten zum Hauptbahnhof?

a Mit der S-Bahn.
b Mit der U-Bahn.
c Mit dem Bus.

1 Sie müssen heute noch zum Arzt. Welche Nummer müssen Sie anrufen?

   a 19292.
   b 457732.
   c 0162 2082148.

2 Sie möchten sich für einen Deutschkurs anmelden. Was sollen Sie tun?

   a Sich im Kurs anmelden.
   b Montags oder mittwochs vorbeikommen.
   c Die Nummer 21271555 wählen.

3 Was für eine Wohnung kann Familie Kim bekommen?

   a Eine 3-Zimmer-Wohnung.
   b Eine Wohnung mit Balkon.
   c Eine 2-Zimmer-Wohnung.

4 Was soll Herr Bouzidi tun?

   a Die Firma Thor anrufen.
   b Zwischen 17 und 19 Uhr bei der Firma Thor vorbeikommen.
   c Den Gasherd anschließen.

Modelltest 4

25 Minuten Hören

Hören Teil 2

Sie hören fünf Ansagen aus dem Radio. Zu jeder Ansage gibt es eine Aufgabe. Welche Lösung (a, b oder c) passt am besten?
Markieren Sie Ihre Lösungen für die Aufgaben 5 – 9 auf dem Antwortbogen.

5 Was hören Sie?

    a Den Wetterbericht.
    b Eine Verkehrsmeldung.
    c Die Nachrichten.

6 Wie wird das Wetter im Norden?

    a Es wird wärmer.
    b Es wird kühl.
    c Es regnet.

7 Wo gibt es einen Stau?

    a Auf der A 3.
    b Auf der A 8.
    c Auf der A 9.

8 Auf der Silvesterparty

    a treten Gruppen aus verschiedenen Ländern auf.
    b gibt es nur Musik in deutscher Sprache.
    c kann man Preise gewinnen.

9 Bis wann müssen Sie Ihre Versicherung kündigen?

    a Bis Ende November.
    b Bis zum Jahresende.
    c Es gibt keinen festen Termin.

Modelltest 4

25 Minuten Hören

Hören Teil 3

Sie hören vier Gespräche. Zu jedem Gespräch gibt es zwei Aufgaben. Entscheiden Sie bei jedem Gespräch, ob die Aussage dazu richtig oder falsch ist und welche Antwort (a, b oder c) am besten passt.
Markieren Sie Ihre Lösungen für die Aufgaben 10–17 auf dem Antwortbogen.

Beispiel:

Beide Frauen leben auf dem Land.   ☐ richtig   ☒ falsch

Was ist richtig?

a Svetlana besucht oft Freunde in der Stadt.
b Svetlana fährt mit dem Zug zur Arbeit.
c Svetlana lebt gern auf dem Land.

☐ a ☐ b ☒ c

10 Die Kundin bringt ihren Computer zur Reparatur.

11 Die Kundin

   a braucht den Computer erst am Donnerstag.
   b braucht den Computer für die Arbeit.
   c möchte am liebsten einen Laptop kaufen.

12 Herr Tsegai ist zurzeit arbeitslos.

13 Welche Pläne hat Herr Tsegai?

   a Er möchte einen Deutschkurs machen.
   b Er sucht eine Ausbildung als Verkäufer.
   c Er möchte als Bäcker arbeiten.

14 Das Gespräch findet in der Kinderbibliothek statt.

15 In der Kinderbibliothek

   a werden auch Filme gezeigt.
   b kann man Filme für zwei Euro ausleihen.
   c kann man sehr günstig alte Bücher kaufen.

16 Die Kundin möchte eine Ware zurückgeben.

17 Was ist das Problem?

   a Die Kundin hat den Kassenzettel verloren.
   b Die Ware ist nicht frisch.
   c Die Kasse ist geschlossen.

Hören Teil 4

Sie hören Aussagen zu einem Thema. Welcher der Sätze a – f passt zu den Aussagen 18 – 20?
Markieren Sie Ihre Lösungen für die Aufgaben 18 – 20 auf dem Antwortbogen.
Lesen Sie jetzt die Sätze a – f. Dazu haben Sie eine Minute Zeit.
Danach hören Sie die Aussagen.

Beispiel:

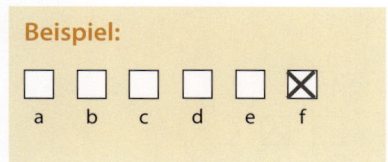

18 …

19 …

20 …

a Die Politik müsste die Parkgebühren erhöhen.

b Die Fahrpreise für Busse, Straßenbahnen, S- und U-Bahnen sollten niedriger sein.

c Beim Umweltschutz müssten alle Länder zusammenarbeiten.

d Man sollte weniger Verpackung herstellen.

e Um die Umwelt zu schützen, sollte man weniger einkaufen.

✗ Jeder Müll müsste kostenlos abgeholt werden.

**Nicht umblättern!
Warten Sie auf das Zeichen der Prüfenden!**

Modelltest 4

45 Minuten Lesen

Lesen Teil 1

Sie suchen Adressen, Telefonnummern und Tipps in Ihrem Stadtmagazin. Lesen Sie die Aufgaben 21–25 und das Inhaltsverzeichnis aus dem Stadtmagazin. In welcher Rubrik (a, b oder c) finden Sie die passende Information?
Markieren Sie Ihre Lösungen für die Aufgaben 21–25 auf dem Antwortbogen.

Beispiel:

Sie suchen ein neues Auto und möchten Ihr altes verkaufen.

a Mobilität
b Einkaufen
c andere Rubrik

☐ ☒ ☐
a b c

21 Ihr Kind hat etwas Schlechtes gegessen und ist sehr krank.

   a Hilfe
   b Kinder & Jugend
   c andere Rubrik

22 Sie möchten wissen, ob in Ihrer Stadt Ihr alter Fernseher kostenlos abgeholt wird.

   a Kommunikation & Medien
   b Wohnen
   c andere Rubrik

23 Sie suchen Adressen, wo Ihre Kinder nachmittags betreut werden können.

   a Kinder & Jugend
   b Wohnen
   c andere Rubrik

24 Ein Kollege besucht Sie. Er sucht ein Zimmer für zwei Monate in einer Wohngemeinschaft.

   a Soziale Einrichtungen
   b Besucher
   c andere Rubrik

25 Sie möchten ein Abendessen machen und suchen ein Kochbuch mit Tipps für ein Essen aus der Region.

   a Besucher
   b Einkaufen
   c andere Rubrik

Modelltest 4

45 Minuten Lesen

Ihr Stadtmagazin

INHALTSVERZEICHNIS

Besucher	Ausflugsziele und Sehenswürdigkeiten – Bootsverleih – Deutscher Wetterdienst – Literaturtipps: typische Rezepte der Region – Hotelreservierungen – Stadtplan – Stadtrundfahrten
Bildung	Berufliche Aus- und Weiterbildung – Berufsinformationszentrum – Nachhilfe – Schulen – Universitäten und Fachhochschulen
Einkaufen	Automärkte – Einkaufsstraßen – Einkaufszentren – Flohmärkte – Wochenmärkte (Öffnungszeiten und Adressen)
Hilfe	Drogennotruf – Feuerwehr – Frauenberatungsstellen – Kinder- und Jugendschutztelefon – Notrufe – Pannenhilfe – Polizei – Vergiftungen
Freizeit	Kartenvorverkaufsstellen – Kino – Museen – Parks- und Grünanlagen – Restaurantführer – Sportvereine – Theater – Veranstaltungen – Wellness- und Erlebnisbäder
Kinder & Jugend	Drogenberatung für Jugendliche – Kinderbetreuung und Freizeitangebote nach der Schule – Kindertheater – Kommunale Kinder-, Jugend- und Familienhilfe – Mädchenhaus
Kommunikation & Medien	Funk & Fernsehen – Hessischer Rundfunk – Multimedia – Museum für Kommunikation – Planet Radio – Radio X – Zeitungen und Zeitschriften
Mobilität	Allgemeiner Deutscher Fahrradclub – Automobilclubs – Car-sharing – Deutsche Bahn AG – Flughafen – Parkhäuser – Park & Ride – Öffentlicher Personennahverkehr
Soziale Einrichtungen	AIDS-Beratung – Alten- und Behindertenhilfe – Beratung in Trennungssituationen – Drogenberatung – Essen auf Rädern – Jugendeinrichtungen – Kinder-, Jugend- und Elternberatung
Verwaltungen	Bürgerämter – Energieversorgung (Gas, Strom) – Rathauszentrale – Stadtschulamt – Stadtverwaltung – Versorgungsunternehmen
Wohnen	An- und Abmelden – Entsorgungsservice (Müllabfuhr) – Hilfe für Mieter – Umzugshilfe – Wohnen auf Zeit – Wohnungsamt – Wohnungsunternehmen

Lesen Teil 2

Lesen Sie die Situationen 26 – 30 und die Anzeigen a – h. Finden Sie für jede Situation die passende Anzeige.
Markieren Sie Ihre Lösungen für die Aufgaben 26 – 30 auf dem Antwortbogen. Für eine Aufgabe gibt es keine Lösung. Markieren Sie in diesem Fall ein *X*.

26 Ihr Bruder hat gerade angefangen, Deutsch zu lernen. Er möchte als KfZ-Mechaniker oder Schlosser arbeiten.

27 Sie möchten sich selbstständig machen, wissen aber noch nicht, ob das das Richtige für Sie ist, und suchen Informationen.

28 Sie arbeiten in einem Büro und möchten sich weiterbilden. Sie möchten besser mit dem Computer arbeiten können.

29 Sie suchen einen Job in einem Restaurant. Sie haben den ganzen Juli über Zeit für den Job.

30 Nach Ihrem Integrationskurs möchten Sie Deutsch für den Beruf lernen, mündlich und schriftlich. Ihr Berufswunsch ist die Arbeit in einem Restaurant. In Ihrer Heimat haben Sie Koch/Köchin gelernt.

Modelltest 4

45 Minuten Lesen

a) Kochen lernen – GRUNDKURS

Für alle, die noch nicht kochen können:

An 5 Abenden lernen Sie die Zubereitung von Fleisch-, Fisch- und Gemüsegerichten.
An jedem Kurstag bereiten wir ein anderes Hauptgericht zu.
5x montags 18.00 – 21.00 Uhr,
Kursbeginn: 5. Juli.
€ 60, Materialkosten € 40

b) LOTSENDIENST für Migranten

Beratung und Begleitung für Menschen, die einen eigenen Betrieb gründen möchten.

Wir führen Beratungen durch und helfen Ihnen auf dem Weg zum eigenen Betrieb.

BBAG e.V. Schulstrasse 8b 14428 Potsdam

c) Für Selbstständige

Laden mit Kiosk in der Innenstadt aus gesundheitlichen Gründen sofort zu übernehmen,
90 qm + ca. 100 qm Lager,
große Schaufensterfläche, gut zu erreichen, viele Parkplätze in der Nähe, gut eingeführter Kundenstamm, Toto/Lotto, gegen geringe Ablöse.
Kontakt: 0162 208 94 65

d) WEITERBILDUNG – Berufsbezogener Sprachunterricht in Wort und Schrift

Voraussetzungen: Integrationskurs abgeschlossen oder Nachweis gleichrangiger Spachkompetenz

Berufskunde und Bewerbungstraining – Praktikum – Betriebsbesichtigungen

Fördermöglichkeiten:
Bundesamt für Migration und Flüchtlinge (BAMF)

Folgende Bereiche werden angeboten:
Büro – Fahrer – Farbe – Gastronomie – Haustechnik – Holz – Metall – Nähen – Reinigung

Dauer: 12 Monate, 100 Stunden im Monat

e) Servicemitarbeiter m/w/d, und Kellner m/w/d gesucht

Für die Sommermonate suchen wir Urlaubsvertretungen. Ihr Aufgabengebiet umfasst alle klassischen Serviceaufgaben des Restaurantbetriebs. Berufserfahrung erforderlich
Arbeitsvertrag: Nebenjob, Wochenendjob, Abendjob
Gaststätte Zum Adler, Hansaallee 1, 10731 Berlin
adler.bewerbungen@beispiel.de

f) Kaufmännisches Bildungs-Center e.V.

Sie möchten sich beruflich verbessern und suchen eine anspruchsvolle Bürotätigkeit?

Bei uns lernen Sie
- alle praxisrelevanten Fertigkeiten und Kenntnisse,
- die professionelle Anwendung von Office und spezieller kaufmännischer Software im modernen Büroalltag.

In praxisnahen Übungen und Tests können Sie das Gelernte überprüfen.

g) Koch/Köchin gesucht

Wir suchen ab Juni 2010 eine/n Auszubildende/n als Koch/Köchin. Sie haben einen Realschulabschluss oder Abitur.

Vielleicht haben Sie schon ein Praktikum in einem Hotel oder Restaurant gemacht. Sie sind zuverlässig, flexibel und arbeiten gerne im Team?

Dauer der Ausbildung: 3 Jahre

Rufen Sie uns an. **Info: +49 711 93 38 38 55**

h) Bürotechnik Hauser

Qualitäts-Produkte für Büro/Betrieb

Die neueste Büro-Software zu günstigen Preisen, Speichermedien, Monitore, PCs, Laptops, Notebooks

Angebote
nur für Gewerbetreibende, Freiberufler, Selbstständige.

www.hausertechnik.beispiel.de

Lesen Teil 3

Lesen Sie die drei Texte. Zu jedem Text gibt es zwei Aufgaben. Entscheiden Sie bei jedem Text, ob die Aussage richtig oder falsch ist und welche Antwort (a, b oder c) am besten passt.
Markieren Sie Ihre Lösungen für die Aufgaben 31–36 auf dem Antwortbogen.

Sehr geehrte Familie Kowalski,

aus dem Jahresabschluss für das letzte Jahr ergeben sich für Ihren Haushalt die folgenden Rechnungsbeträge:

Strom Brutto	623,58 €,
Erdgas Brutto	1 798,35 €,
Gesamtbetrag:	**2 421,93 €.**

Einzelheiten zur Berechnung entnehmen Sie bitte der beigefügten Aufstellung.

Die Jahresabrechnung weist für Sie ein Guthaben von 252,20 € auf. Dieses haben wir in den monatlichen Abschlagzahlungen für dieses Jahr berücksichtigt, die sich deshalb auf 180 € monatlich reduzieren.

Wir möchten Sie nochmals auf unser Aktionsangebot **SuperSpar** aufmerksam machen. Wenn Sie sich für eine Vertragslaufzeit bis zum Ende dieses Jahres verpflichten, können Sie 126,33 € Energiekosten pro Jahr sparen. Sie erhalten für diesen Zeitraum eine Preisgarantie.

Das Angebot ist noch 14 Tage gültig.

Vielen Dank für Ihr Vertrauen in uns, den Energieversorger Mainstrom.

Mit freundlichen Grüßen
Ihre Mainstrom AG

---

31 Familie Kowalski hat im letzten Jahr zu viel an die Mainstrom AG gezahlt.
richtig/falsch?

32 Familie Kowalski kann Geld sparen,

    a wenn sie monatlich 180 € überweist.
    b wenn sie bis Ende des Jahres den Energieanbieter nicht wechselt.
    c wenn sie sich bis Ende des Jahres für den Tarif SuperSpar entscheidet.

Modelltest 4
45 Minuten Lesen

Liebe Eltern,

für das nächste Schuljahr suchen wir wieder engagierte Eltern für unsere

Hausaufgabenbetreuung.

Haben Sie Lust, Schülern der Klassenstufe 5–7 zu helfen und Ihr Wissen und Ihre Erfahrungen weiterzugeben? Dann machen Sie mit!

- Sie betreuen Kinder der Klassenstufen 5–7 in einer Gruppe von fünf bis zehn Schülern.
- Sie verpflichten sich, an einem bestimmten Tag in der Woche bei der Hausaufgabenbetreuung mitzuhelfen.
- Für Ihre Mitarbeit zahlen wir 8,00 Euro je abgehaltener Hausaufgabenbetreuung.
- Die Betreuung wird mindestens an einem Tag in der Woche angeboten. Wenn die Nachfrage sehr groß ist und genügend Eltern mithelfen, kann das Angebot auch täglich stattfinden.

Die Schule plant einen Info-Abend, an dem wir Ihnen Ihre Aufgaben näher vorstellen und Ihre Fragen beantworten wollen. Über den Termin informieren wir Sie rechtzeitig.

33 Die Schule sucht Kinder für die Hausaufgabenbetreuung.
richtig/falsch?

34 Die Hausaufgabenbetreuung
- **a** gibt es täglich.
- **b** kostet 8,00 € pro Stunde.
- **c** wird auf einer Veranstaltung der Schule genauer vorgestellt.

Modelltest 4

45 Minuten Lesen

INTEGRATION UND BERUFSORIENTIERUNG

Die neue interkulturelle Internet-Seite Mixopolis ist ein Projekt des Vereins Schulen ans Netz. Mit diesem Projekt soll ein Beitrag zur Integration geleistet werden. Mixopolis will gezielt junge Menschen mit Migrationshintergrund ansprechen, weil diese häufig das Internet als Kommunikationsmedium nutzen.

Bei Mixopolis können Jugendliche ihre Ideen und Gedanken austauschen, dabei spielt es keine Rolle, woher sie kommen: aus Deutschland oder aus anderen Ländern. Man kann hier Ideen und Ratschläge zu den Themen Schule und Studium, Ausbildung und Bewerbung finden. Auch Fragen zum Medienalltag oder zum Studentenleben werden angesprochen.

Nach kostenloser Anmeldung bekommen Jugendliche wichtige Informationen zu Wettbewerben, Aktionen und Messen. Besucher der Website, die sich in neuer Software auskennen, können hierzu Berichte schreiben. Außerdem werden aktuelle Kinofilme vorgestellt, Berufe präsentiert und berühmte Persönlichkeiten interviewt. Junge Menschen vor allem mit Migrationshintergrund beantworten online Fragen zu den verschiedensten Bereichen, unter anderem zum Berufsleben und zu gesellschaftlichen Problemen.

---

35 Beim Projekt Mixopolis haben Jugendliche die Möglichkeit, sich im Internet gegenseitig von ihren Erfahrungen und Problemen zu berichten.
richtig/falsch?

36 Auf der Internet-Seite Mixopolis können Jugendliche

- **a** kostenlos Filme und Software bekommen.
- **b** sich beraten lassen.
- **c** Sachen kaufen und verkaufen.

Lesen Teil 4

Lesen Sie den Text. Entscheiden Sie, ob die Aussagen 37–39 richtig oder falsch sind.
Markieren Sie Ihre Lösungen für die Aufgaben 37–39 auf dem Antwortbogen.

PATIENTENINFORMATION

Was tun, wenn Ihnen hohe Kosten für eine Zahnbehandlung entstehen?

Die Lösung: Teilzahlung! Zahlen Sie in monatlichen Raten.

Sie selbst bestimmen nicht nur die Höhe der monatlichen Raten, sondern auch, wann jeden Monat die Zahlung von Ihrem Konto abgebucht wird.

Teilzahlungsmodell A

Wenn Sie Ihre Zahnarztrechnung in maximal sechs gleich hohen Monatsraten bezahlen, entstehen Ihnen aus der Teilzahlung keine zusätzlichen Kosten. Achten Sie bitte unbedingt darauf, dass Ihr schriftlicher Teilzahlungswunsch und die erste Zahlung innerhalb von 30 Tagen nach Rechnungsdatum bei uns eingehen. Sie müssen den Rechnungsbetrag innerhalb von sechs Monaten ab Rechnungsdatum vollständig bezahlen.

Teilzahlungsmodell B

Sie möchten den Rechnungsbetrag über einen längeren Zeitraum als sechs Monate aufteilen. Wenn Sie sich für Teilzahlungen mit einer Gesamtlaufzeit von mehr als sechs Monaten ab Rechnungsdatum entscheiden, berechnen wir Zinsen von 0,5 % monatlich. Außerdem berechnen wir eine einmalige Bearbeitungsgebühr von 1 % aus der Forderung, mindestens jedoch € 10.

Stellen Sie heute noch Ihren Antrag.

Ihre Abrechnungsstelle für Zahnärzte

---

37 Die Teilzahlungen sind nur zinsfrei, wenn Sie Ihre Zahnarztrechnung innerhalb von 30 Tagen bezahlen.
richtig/falsch?

38 Wenn Sie länger als sechs Monate bezahlen, entstehen Ihnen neben den Zinsen noch weitere Kosten.
richtig/falsch?

39 Sie können selbst festlegen, an welchem Tag im Monat Sie die Raten zahlen möchten.
richtig/falsch?

Modelltest 4

45 Minuten Lesen

Lesen Teil 5

Lesen Sie den Text und schließen Sie die Lücken 40–45. Welche Lösung (a, b oder c) passt am besten?
Markieren Sie Ihre Lösungen für die Aufgaben 40–45 auf dem Antwortbogen.

SCHNEIDER TECHNIK Hauptstraße 12 · 70536 Stuttgart · Telefon: +49 711 93 38 38 55

Frau
Ilona Lanz
Mauserstraße 4
70468 Stuttgart

Stuttgart, 30. November 2020

Zahlungserinnerung – Unsere Rechnung vom 8. Oktober 2020

Sehr geehrte __0__,

Leider __40__ wir Sie daran erinnern, dass unsere Rechnung vom 8. Oktober 2020 bereits vor einem Monat __41__ war. Bis heute konnten wir keine Überweisung von Ihnen feststellen.

Wir bitten Sie, den zu zahlenden __42__ spätestens bis zum 10. Dezember 2020 auf unser Konto bei der Postbank Stuttgart IBAN DE22 7601 0085 3192 8707 00 zu überweisen.

__43__ Sie die Rechnung inzwischen bezahlt haben, betrachten Sie bitte dieses Schreiben als gegenstandslos.

Haben Sie Fragen? Unser Mitarbeiter Herr Groß gibt __44__ unter der oben angegebenen Telefonnummer gerne Auskunft.

Mit freundlichen __45__
i. A. Schneider

Beispiel:

0   a   Firma Schneider
    b   Frau Lanz   ☐ ☒ ☐
    c   Herr Lanz   a b c

40 a   können
    b   sollen
    c   müssen

41 a   bezahlt
    b   fällig
    c   gefallen

42 a   Betrag
    b   Rechnung
    c   Zahlung

43 a   als
    b   wann
    c   wenn

44 a   euch
    b   Ihnen
    c   Sie

45 a   Gruß
    b   Grüße
    c   Grüßen

Nicht umblättern!
Warten Sie auf das Zeichen der Prüfenden!

Modelltest 4

30 Minuten Schreiben

Schreiben

Wählen Sie Aufgabe A *oder* Aufgabe B. Zeigen Sie, was Sie können. Schreiben Sie möglichst viel. Schreiben Sie Ihren Text auf den Antwortbogen.

Aufgabe A

Sie haben seit einiger Zeit einen Telefon- und Internetanschluss bei der Firma Internet & Telefon. Seit einiger Zeit funktionieren Ihr Telefon und Internet nicht mehr gut. Sie schreiben deshalb einen Brief.

Schreiben Sie etwas über folgende Punkte. Vergessen Sie nicht die Anrede und den Gruß.

- Grund für Ihr Schreiben
- Was schlagen Sie vor?
- Wenn keine Lösung, dann Vertrag kündigen
- Bitte um schnelle Antwort

oder

Aufgabe B

Sie haben in Ihrer Tageszeitung eine Wohnungsanzeige gesehen, die Sie interessiert. Schreiben Sie eine E-Mail an die zuständige Mitarbeiterin der Hausverwaltung Hausmann & Gärtner, Frau Busch.

Schreiben Sie etwas über folgende Punkte. Vergessen Sie nicht die Anrede und den Gruß.

- Grund für Ihr Schreiben
- Angaben zu Ihrer Person
- Fragen zur Wohnung
- Besichtigungstermin?

Modelltest 4

16 Minuten Sprechen

Sprechen Teil 1

Teilnehmer/in A und B

Teil 1: Über sich sprechen

> Name
>
> Geburtsort
>
> Wohnort
>
> Arbeit/Beruf
>
> Familie
>
> Sprachen

Das sagt der Prüfer oder die Prüferin:

– *Würden Sie sich bitte vorstellen?*

– *Erzählen Sie bitte etwas über sich.*

Sprechen Teil 2

Teilnehmer/in A

Teil 2: Über Erfahrungen sprechen

- -

Das sagt der Prüfer oder die Prüferin:

Teil 2 A

Sie haben in einer Zeitschrift ein Foto gefunden. Berichten Sie kurz:
- *Was sehen Sie auf dem Foto?*
- *Was für eine Situation zeigt das Bild?*

Teil 2 B

Erzählen Sie bitte: Welche Erfahrungen haben Sie damit?

Teilnehmer/in B

Teil 2: Über Erfahrungen sprechen

- -

Das sagt der Prüfer oder die Prüferin:

Teil 2 A

Sie haben in einer Zeitschrift ein Foto gefunden. Berichten Sie kurz:
- *Was sehen Sie auf dem Foto?*
- *Was für eine Situation zeigt das Bild?*

Teil 2 B

Erzählen Sie bitte: Welche Erfahrungen haben Sie damit?

Sprechen Teil 3

Teilnehmer/in A und B

Teil 3: Gemeinsam etwas planen

Eine Mitarbeiterin in der Firma, in der Sie arbeiten, geht nächsten Monat in Rente. Ihr Kollege / Ihre Kollegin und Sie möchten sie mit einem kleinen Fest überraschen.

Planen Sie, was Sie tun möchten. Hier sind einige Notizen:

- Wann?
- Wo?
- Geschenk?
- Eine andere Überraschung?
- Wer wird eingeladen?
- ...?

Antwortbogen

Schriftliche Prüfung

1 Antwortbogen Hören

Teil 1
1 a b c
2 a b c
3 a b c
4 a b c

Teil 2
5 a b c
6 a b c
7 a b c
8 a b c
9 a b c

Teil 3
10 richtig falsch
11 a b c
12 richtig falsch
13 a b c
14 richtig falsch
15 a b c
16 richtig falsch
17 a b c

Teil 4
18 a b c d e f
19 a b c d e f
20 a b c d e f

2 Antwortbogen Lesen

Teil 1
21 a b c
22 a b c
23 a b c
24 a b c
25 a b c

Teil 2
26 a b c d e f g h x
27 a b c d e f g h x
28 a b c d e f g h x
29 a b c d e f g h x
30 a b c d e f g h x

Teil 3
31 richtig falsch
32 a b c
33 richtig falsch
34 a b c
35 richtig falsch
36 a b c

Teil 4
37 richtig falsch
38 richtig falsch
39 richtig falsch

Teil 5
40 a b c
41 a b c
42 a b c
43 a b c
44 a b c
45 a b c

Antwortbogen

3 Antwortbogen Schreiben

Wegweiser

Wegweiser zum Modelltest Deutsch-Test für Zuwanderer im Internet

Nachdem Sie alle Aufgaben und Modelltests in diesem Buch durchgearbeitet haben, sind Sie auf den Deutsch-Test für Zuwanderer gut vorbereitet.

Zusätzlich empfehlen wir Ihnen, sich die Modelltests der g.a.s.t. (gesellschaft für akademische studienvorbereitung und testentwicklung e.v.) anzusehen und diese durchzuarbeiten. Sie können sie im Internet auf der folgenden Seite finden und herunterladen:

www.gast.de/de/forschung-entwicklung/entwicklung/auftraege/deutsch-test-fuer-zuwanderer-dtz

Dort finden Sie unter „Prüfungsvorbereitung" zwei weitere Modelltests zum Üben.

Quellen

Bildquellen

S. 53	Shutterstock.com/Maksym Kaharlyk
S. 54	Shutterstock.com/Olesia Bilkei
S. 55	Shutterstock.com/People Image Studio
S. 107	Shutterstock.com/fizkes
S. 108	Shutterstock.com/LightField Studios
S. 115	Shutterstock/tovovan
S. 125	stock.adobe.com/detailfoto
S. 126	stock.adobe.com/Jürgen Fälchle/Jürgen
S. 143	Shutterstock.com/fizkes
S. 144	Shutterstock.com/YoloStock

Audiodateien

Liste der Aufnahmen zum Prüfungsteil Hören

Sie finden die Aufnahmen als MP3-Dateien auf www.cornelsen.de/webcodes (Code: pujowo).
In den Aufgaben, die wie Prüfungsaufgaben funktionieren, sind die Pausen enthalten.

Nr.		Seite
1	Nutzungshinweis	
	Modelltest 1, Hören	
2	Teil 1, Aufgabe 1	8
3	Teil 1, Aufgabe 2, Aufgabenstellung	9
4	Teil 1, Aufgabe 2, Beispiel	9/10
5	Teil 1, Aufgabe 2, Nummer 1–4	9
6	Teil 2, Aufgabe 2	11
7	Teil 2, Aufgabe 3, Aufgabenstellung	12
8	Teil 2, Aufgabe 3, Nummer 5–9	12/13
9	Teil 3, Aufgabe 1 und 2	14
10	Teil 3, Aufgabe 2, Aufgabenstellung	15
11	Teil 3, Aufgabe 2, Beispiel	15/16
12	Teil 3, Aufgabe 2, Nummer 10 und 11	15
13	Teil 3, Aufgabe 2, Nummer 12 und 13	15
14	Teil 3, Aufgabe 2, Nummer 14 und 15	15
15	Teil 3, Aufgabe 2, Nummer 16 und 17	15
16	Teil 4, Aufgabe 2	17
17	Teil 4, Aufgabe 3, Aufgabenstellung	18
18	Teil 4, Aufgabe 3, Einleitung	18/20
19	Teil 4, Aufgabe 3, Beispiel	18/20
20	Teil 4, Aufgabe 3, Nummer 18	18/20
21	Teil 4, Aufgabe 3, Nummer 19	18/20
22	Teil 4, Aufgabe 3, Nummer 20	18/20
	Modelltest 2	
23	Hören Teil 1, Aufgabe	92
24	Hören Teil 1, Beispiel	92
25	Hören Teil 1, Nummer 1–4	92
26	Hören Teil 2, Aufgabe	93
27	Hören Teil 2, Nummer 5–9	93
28	Hören Teil 3, Aufgabe	94
29	Hören Teil 3, Beispiel	94
30	Hören Teil 3, Nummer 10–17	94
31	Hören Teil 4, Aufgabe	95
32	Hören Teil 4, Einleitung	95
33	Hören Teil 4, Beispiel	95
34	Hören Teil 4, Nummer 18–20	95

Nr.		Seite
	Modelltest 3	
35	Hören Teil 1, Aufgabe	110
36	Hören Teil 1, Beispiel	110
37	Hören Teil 1, Nummer 1–4	110
38	Hören Teil 2, Aufgabe	111
39	Hören Teil 2, Nummer 5–9	111
40	Hören Teil 3, Aufgabe	112
41	Hören Teil 3, Beispiel	112
42	Hören Teil 3, Nummer 10–17	112
43	Hören Teil 4, Aufgabe	113
44	Hören Teil 4, Einleitung	113
45	Hören Teil 4, Beispiel	113
46	Hören Teil 4, Nummer 18–20	113
	Modelltest 4	
47	Hören Teil 1, Aufgabe	128
48	Hören Teil 1, Beispiel	128
49	Hören Teil 1, Nummer 1–4	128
50	Hören Teil 2, Aufgabe	129
51	Hören Teil 2, Nummer 5–9	129
52	Hören Teil 3, Aufgabe	130
53	Hören Teil 3, Beispiel	130
54	Hören Teil 3, Nummer 10–17	130
55	Hören Teil 4, Aufgabe	131
56	Hören Teil 4, Einleitung	131
57	Hören Teil 4, Beispiel	131
58	Hören Teil 4, Nummer 18–20	131